如东大众哲语选录

潘金环 编著

古吴轩出版社
中国·苏州

图书在版编目(CIP)数据

如东大众哲语选录/潘金环编著.— 苏州:古吴轩出版社,2018.6
ISBN 978-7-5546-1160-9

Ⅰ.①如… Ⅱ.①潘… Ⅲ.①汉语—格言—汇编②汉语—谚语—汇编③汉语—俗语—汇编 Ⅳ.①H136

中国版本图书馆CIP数据核字(2018)第128238号

责任编辑:徐小良
见习编辑:李爱华
封面设计:习枫
责任校对:俞都　刘冉
责任照排:肖雨月

书　　名:如东大众哲语选录
编　　著:潘金环
出版发行:古吴轩出版社
　　　　地址:苏州市十梓街458号　　邮编:215006
　　　　Http://www.guwuxuancbs.com　　E-mail:gwxcbs@126.com
　　　　电话:0512-65233679　　传真:0512-65220750
出 版 人:钱经纬
印　　刷:如东县彩印厂
开　　本:889×1194　1/32
印　　张:6.375
版　　次:2018年6月第1版　第1次印刷
书　　号:ISBN 978-7-5546-1160-9
定　　价:30.00元

如有印刷质量问题,请与印刷厂联系。　电话:0513-84133985

目 录

第一辑 哲语漫画

修身做人/3

谋生做事/23

反腐倡廉/51

艰苦奋斗/61

第二辑 哲语选录

理想/73

价值/79

生命/83

学习/89

谋生/93

奋斗/94

修养/99

家庭/116

人际交往/126

集体/135

家乡/141

祖国/146

社会/155

世界/157

企业/163

农村/169

学校/176

机关/180

医护/183

交通/188

商业/194

第一辑 哲语漫画

修身做人

生命是父母给的,路是自己走的。

沈月 语 包赟 画

人是动态的结点,人生是各种动态关系的平衡。

俞明三 语 包赟 画

风吹雨打知生活,苦尽甜来懂人生。

敬之 语 杨爱莲 画

人生再难也要坚持,再好也要淡泊,再差也要自信,再多也要节省,再冷也要热情。

葛玉江 语 杨爱莲 画

笑看人生坎坷,终有峰回路转。

张爱梅 语 杨爱莲 画

有苦有乐是人生必然,能苦能乐是人生坦然,
化苦为乐是人生超然。

陈少山 语 包赞 画

房子再大,睡的还是一张床;车子再豪,超速也罚款。

郭必娟 语　周晓勇 画

不能得到的少奢望,能够得到的要争取,已经得到的要珍惜。

毛蓉英 语　宋欣娟 画

钱多钱少,用对就好;人少人老,健康就好;
人丑人俏,心善就好;家贫家富,和睦就好。

施友竹 语　王晨晨 画

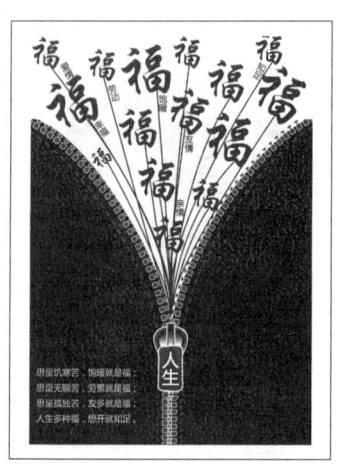

思量饥寒苦,饱暖就是福;思量无聊苦,劳累就是福;
思量孤独苦,友多就是福;人生多种福,想开就知足。

孙宏松 语　伍金娟 画

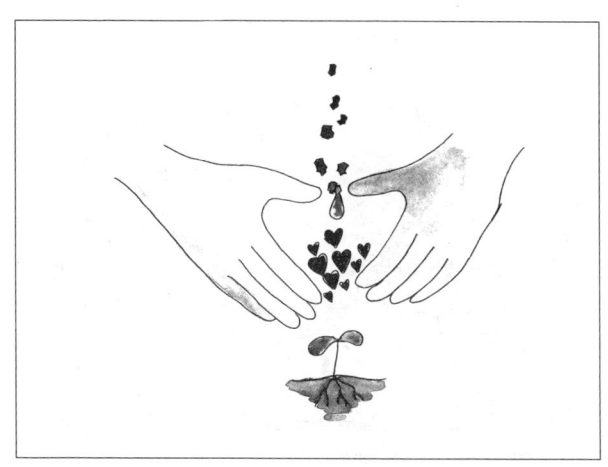

幸福不是得到你想要的一切,而是感恩你周围的一切。

李冬梅 语 王晨晨 画

懂得放下　才会从容

懂得放下的人能得到自由,懂得关怀的人能得到朋友,
懂得奋斗的人能得到财富,懂得知足的人能得到快乐。

王红梅 语 周晓勇 画

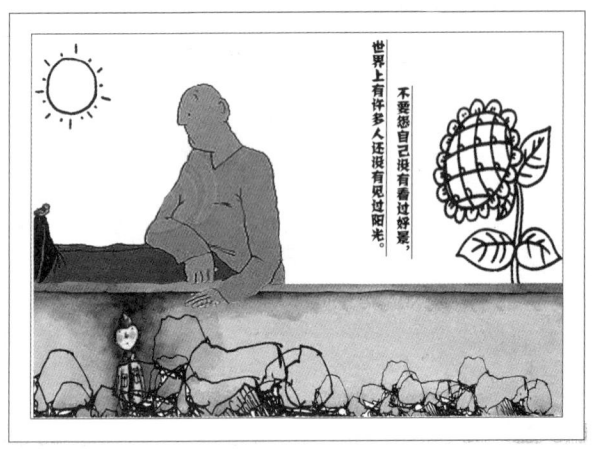

不要怨自己没有看过好景,世界上有许多人还没有见过阳光。

葛玉峰 语 宋欣娟 画

得意时,朋友认识了你;失意时,你认识了朋友。

於亚军 语 周晓勇 画

吵架至少要两个人，停止吵架只需一个人。

唐国清 语　周晓勇 画

好话一句三九暖，恶言一句三伏寒。

俗语　宋欣娟 画

度量的大小决定苦乐的多少,容不得便受不得,容得下便放得下。

田军军 语 宋欣娟 画

成功之时,要看得到别人;失败之时,要看得到自己。

俗语 宋欣娟 画

不要把扔来的石头扔回去,可用扔来的石头铺路基。

张新文 语 高金梅 画

把脾气摆出来是本能,把脾气压下去是本事。

徐秋艳 语 高金梅 画

发出自己的光,不要吹灭别人的灯。

陈海燕 语 高金梅 画

冲动是魔鬼,冷静是良药。

朱东来 语 包赞 画

你能信任多少人,就有多少人信任你。

张洪萍 语 包赞 画

容忍不能改变的事,改变可能改变的事。

刘一诺 语 王晨晨 画

你属于少数时要有勇气,你属于多数时要能宽容。

苏平 语 伍金娟 画

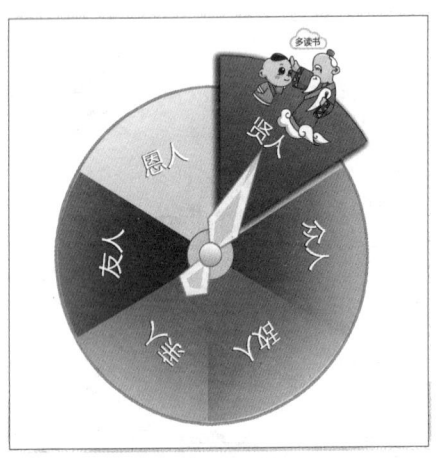

恩人救你出难,友人为你解难,亲人伴你身边,贤人指点迷津,敌人令你清醒,众人助你成功。

倪国昌 语 伍金娟 画

没有不被评说的事,没有不被猜测的人,做真实的自己,无憾今生。

张培风 语 伍金娟 画

人与人之间要少一点挑剔,多一点信任;少一点冷落,多一点热情;少一点鄙视,多一点欣赏;这样才会少一些误解,多一些融和。

徐志霞 语 杨爱莲 画

拿花送给别人时，首先闻到花香的是自己；抓起泥巴砸别人时，首先污染手脚的是自己。

张培凤 语　伍金娟 画

有的人往往只看到别人的短处而看不到自身的缺陷。

徐越 语　徐林 画

如果满足现状不能突破自我,短短一秒钟内你就会由一个胜利者变成一个失败者。

科恒 语 海峰 画

粗茶淡饭养铁汉,哲理智慧育英才。

缪云山 语 宋欣娟 画

东家打伢儿,西家学乖。

俗语 徐艺涵 画

养儿不读书,不如一头猪。

郭必娟 语 徐艺涵 画

生命有长有短,生活有苦有乐,人生有起有落,顺变进退是快乐。

徐志霞 语 伍金娟 画

阳光美好不收钱,空气重要不收钱,亲情珍贵不收钱,廉价的也可以是宝贵的,就看你珍惜不珍惜。

吴莹洁 语 王晨晨 画

平静的心态是幸福生长的土壤。

俗语 朱晋 画

谋生做事

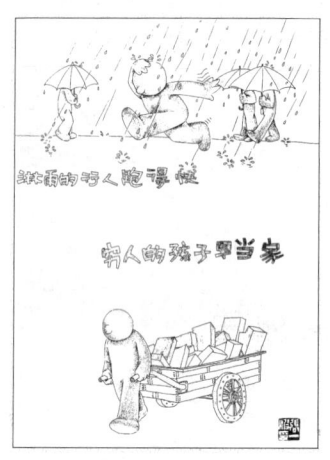

淋雨的行人跑得快,穷人的孩子早当家。

陈百卫 语 张一波 画

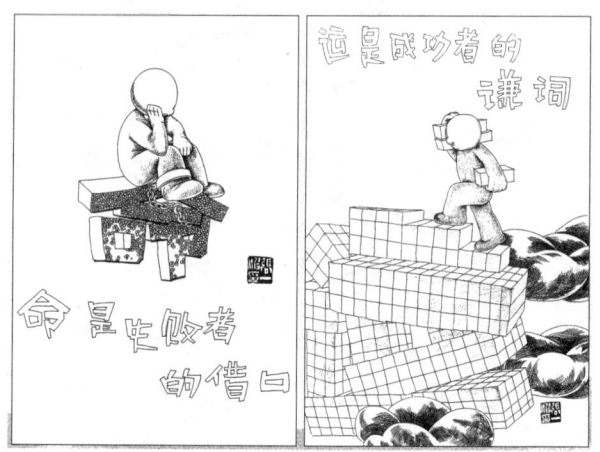

"命"是失败者的借口,"运"是成功者的谦词。

李吉吉 语 张一波 画

梦想能够想得到,不梦想连想都想不到。

冯云 语 朱肖涵 画

认识自己错误之日,正是自己不错之时。

孙亚 语 朱肖涵 画

今天你过分地选择工作,明天工作就会过分地选择你。

曹文军 语 朱肖涵 画

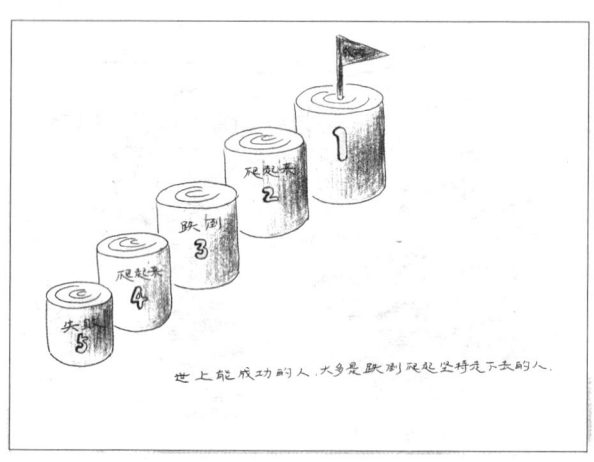

世上能成功的人,大多是跌倒爬起坚持走下去的人。

陈爱军 语 康蓉蓉 画

你能帮多少人成功,就会有多少人帮你成功。

毛蓉蓉 语　唐蓉蓉 画

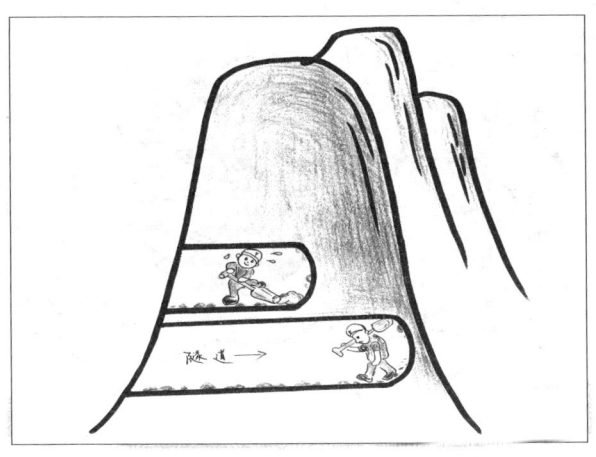

不是看到希望才坚持,而是坚持中才能看到希望。

张松美 语　康蓉蓉 画

复杂的事简单做是专家,简单的事重复做是行家,重复的事用心做是赢家。

高媛媛 语 唐蓉蓉 画

海里的沙泥十分平淡,它养育的文蛤却很鲜美。

潘金环 语 康蓉蓉 画

善管的工厂不养闲人,成功的团队不养懒人。

李杨 语 刘兵 画

成功的人会熬,失败的人会逃。

陈璇 语 陆健 画

用水,买再大的水缸不如挖井;撬物,用再大的蛮力不如用杠杆的巧劲。

秦翔实 语 陆健 画

门坎,跨过去就是门,没过去就是坎。

王保 语 钱亚健 画

心存希望,幸福就会降临;心存梦想,机遇就会光临。

朱忠德 语 沈永翠 画

我们应该接受失望,它是有限的;我们不可失去希望,它是无限的。

袁国良 语 沈永翠 画

一块钱的打火机,能烧掉几十万的家产;万把块的一桌菜,离不开一块钱的盐。

李玉珍 语 黄菲菲 画

一口吞不了一个饼,一锹挖不成一口井。

俗语 陆建 画

没有发现问题就是最大的问题。

徐越 语 海峰 画

今天工作不努力,明天努力找工作。

徐越 语 海峰 画

昨天成功的经验可能是明天成功的障碍。

科恒 语 徐林 画

想到不同层次客户需求,才能获得所有客户满意。

徐越 语 徐林 画

同是紧盯目标,但被动等待与积极行动,效果截然不同。

徐越 语 徐林 画

管理者应该有自己明确的目标,而不是部下的目标之和。

徐越 语 徐林 画

笑脸通神,恶脸不开店,怒脸不见人。

俗语 海峰 画

激励面前放金元宝,后面放严老虎。

科恒语 海峰 画

管理是一种实践,其本质不在于"知"而在于"行",其验证不在于逻辑而在于成果。

徐越 语 徐林 画

专注于用户需求而不是专注于竞争对手。

徐越 语 徐林 画

要走动管理,不要坐下开会。

徐越 语 徐林 画

为部下创新提供舞台,为部下创造辉煌提供机会。

徐越 语 徐林 画

合作能双赢,人人可以赢。

徐越 语　徐林 画

找到漏洞,就有办法堵漏。

徐越 语　徐林 画

不在于拥有多少资源,而在于利用多少资源。

徐越 语 徐林 画

从别人的经验中有所领悟是一种智慧。

徐越 语 徐林 画

只有比竞争对手高出一筹才能掌握主动权。

徐越 语 徐林 画

没有精细目标,便没有高命中率。

科恒 语 海峰 画

高层管理不等于高高在上,不深入基层,不到现场解决问题,那么你站得越高,摔得越重。

徐越 语 徐林 画

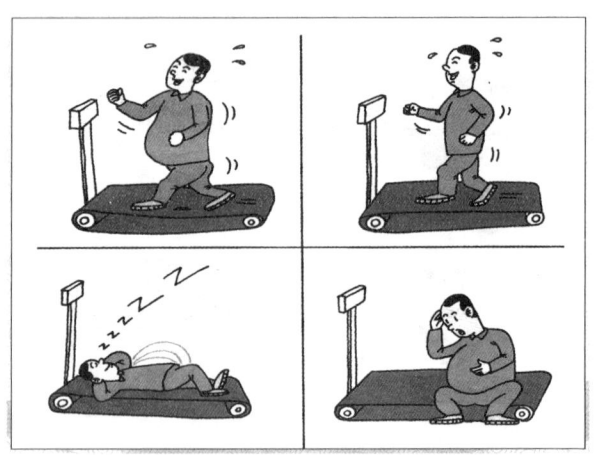

问题反弹的根源在于不能咬紧牙关坚持到底。

徐越 语 徐林 画

你不关心用户,用户就不关心你。

徐越 语　徐林 画

市场不变的法则是永远在变。

徐越 语　徐林 画

在市场竞争中你不可能拖住所有竞争对手,但你可以超越所有的竞争对手。

科恒 语 海峰 画

企业与用户的距离无限小,那么企业发展用户的空间就无限大。

科恒 语 海峰 画

动物求生看谁跑得快,企业求生要比竞争对手跑得快。

潘金环 语 海峰 画

司马光砸缸救人在于砸破缸,而不在于用的石头。

科恒 语 海峰 画

人群交往有"150"定律,人的亲友有"250"理论,善待一个客户拨亮一盏灯,就能照亮一大片。

潘金环 语 海峰 画

三脚插头与三脚插座是闭着眼睛也能插对的。

科恒 语 海峰 画

企业生于忧患,死于安乐。

徐越 语 徐林 画

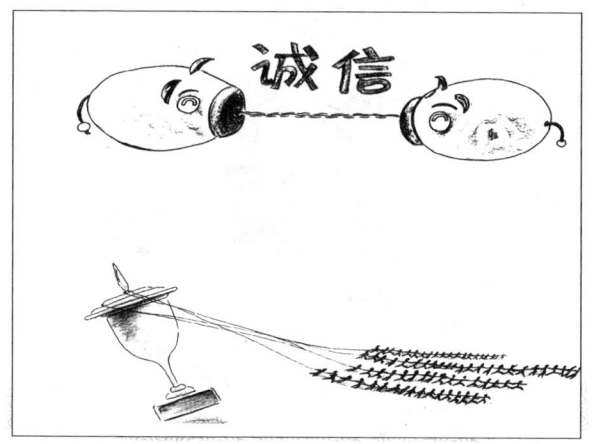

伟大的基础是无数平凡,成功的基础是无数挫折,正确的基础是无数谬误,幸福的基础是无数奋斗。

俞明三 语 周晓勇 画

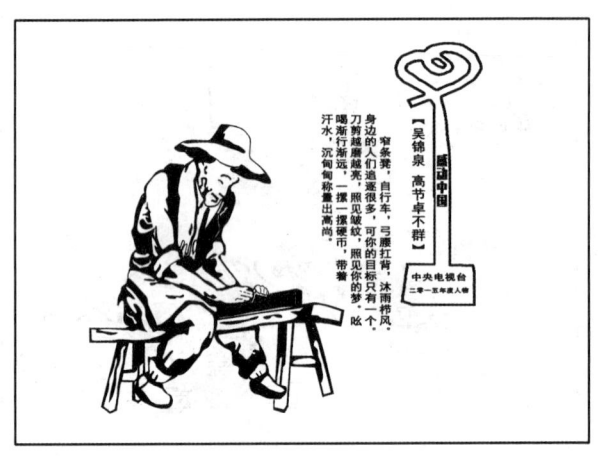

把每一件简单的事做好就是不简单,把每一件平凡的事做好就是不平凡。

姚止平 语 宋欣娟 画

前人摔跤,后人把滑。

俗语 徐艺涵 画

树锯倒了捉老鸦。

俗语 朱肖涵 画

好吃的梿枷果等不到正月半。

俗语 刘兵 画

一个纽扣扣错,个个纽扣扣错。

俗语 陆健 画

人生高度是自信撑起来的。

俗语 朱晋 画

反腐倡廉

公仆真心,群众放心;公仆诚心,群众贴心。

董跃秀 语　周晓勇 画

装满自己看法的人,就会听不见别人的心声。

高炳余 语　周晓勇 画

贴地小草,大风拔不起;深入群众,困难压不倒。

顾新红 语 周晓勇 画

一人再大不是群,一群再小亦为众。

周树林 语 高金梅 画

权入笼子难腐败,利为大众人心齐。

顾新红 语 周晓勇 画

棉花水稻从泥土中吸取营养,干部党员从群众中寻求支持。

海洼子 语 高金梅 画

联系群众如鱼得水,脱离群众如树断根。

胡卫锋 语　高金梅 画

人生妙悟是"怎么来,怎么去",干部妙悟是"群众中来,群众中去"。

海洼子 语　高金梅 画

群众后盾是安全,群众声援是力量,群众忠告是温暖,群众惦念是幸福。

徐向前 语　宋欣娟 画

群众热情是无边的大海,让你乘风破浪;
群众忍让是待喷的火山,给你危机四伏。

张洪萍 语　宋欣娟 画

脱离群众是霸权下的蛋,孵出必然是腐败。

俞明三 语　宋欣娟 画

联系群众是干部的力量源泉,脱离群众是干部的危险隐患。

朱小明 语　王晨晨 画

不能顶天立地,也要堂堂正正;不求尽善尽美,但要问心无愧。

朱小明 语 王晨晨 画

担子轻重,脚印为证;为官如何,有口皆碑。

缪云山 语 周晓勇 画

坐得端,行得正,尼姑和尚共板凳。

俗语 杨爱莲 画

随他家金屋银屋,不如自家茅草屋。

缪云山 语 杨爱莲 画

病不可怕,怕就怕吃错了药。

科恒 语 海峰 画

人在做,天在看,善恶多少自有大众来计算。

唐明淑 语 宋欣娟 画

艰苦奋斗

积极的人忧患中也看到机会,消极的人机会中也在忧患。

赵玉江 语 张一波 画

生活中的艰辛是难忘的体验,是一个人迸发进取精神和创新能力的不竭动力。

钱志明 语 张一波 画

没有克服不了的困难,只有不想克服困难的人。

顾娟 语 张一波 画

为失败找理由,实在窝囊;为成功找方法,才是英雄。

李彤 语 张一波 画

等待机会只能在偶然中,争取主动才能在自己手中。

顾娟 语 张一波 画

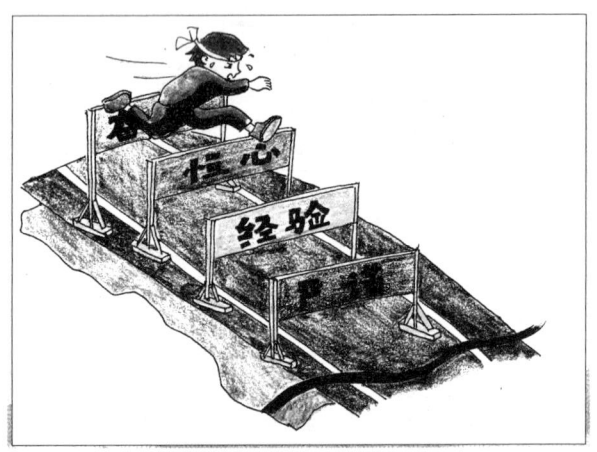

成功必须以奋斗为严父,以恒心为慈母,以经验为兄弟,以严谨为旅伴。

沈月 语 朱肖涵 画

昨天的奋斗是已知数，今天的奋斗是变数，明天的奋斗是未知数。

张同林 语 朱肖涵 画

艰苦奋斗很重要，奋斗目标片面要跌跤。

高秋同 语 朱肖涵 画

只要不怕艰苦,方法总比困难多。

董菊英 语 朱肖涵 画

奋斗的错误是找不对方向,方向的错误是看不到大家。

祝源 语 朱肖涵 画

过去奋斗不是现在的保证，更不是将来的成功。

沈小鹏 语 刘兵 画

人生精彩不是实现梦想的瞬间，而是为实现梦想艰苦奋斗的过程。

唐亚 语 刘兵 画

好男不靠祖业,好女不靠嫁衣。

毛荣英 语　高金梅 画

三二一,颗粒归仓齐屋脊;一二三,齐心合力抱金山。

喻明祥 语　高金梅 画

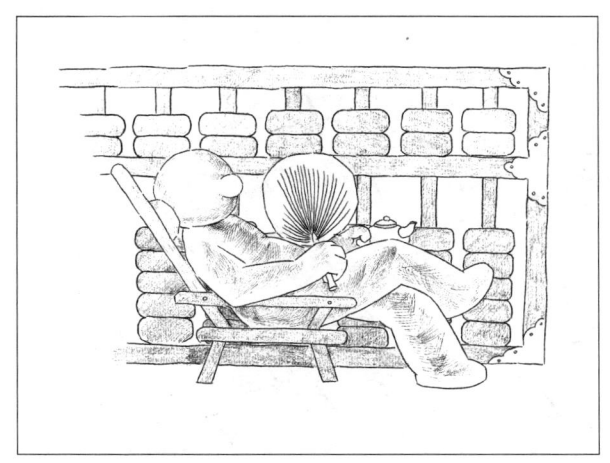

吃不穷,穿不穷,算计不到一世穷。

俗语 张一波 画

手中没把米,唤鸡也不来。

俗语 朱肖涵 画

艰苦是成功的道路,奋斗是人才的云梯。

高春银 语 马晨曦 画

第二辑 哲语选录

理想

青春理想是一首写不完的诗,青春理想是一本读不完的书,青春理想是一支唱不完的歌,青春理想是一幅绘不完的画。

(朱国娟)

有美好的心灵,才有美好的理想。

(石雯雯)

生命是父母给的,理想的路是自己走的。

(李冬梅)

心中有理想,浑身有力量;浑身有力量,理想有保障。

(孙宏松)

看着鼻子走路,走得越快,摔跤越多。

(孙宏松)

理想是灯塔,前途在脚下,成功在奋斗中。

(陈少山)

读理想之书,行务实之路,想在实中,实在用中。

(钱岑)

理想不是儿戏,差之毫厘,失之千里。

(李彤)

过河要有桥船工具,理想要用行动实施。

(苏平)

理想如平原走马,实干如顶水行船。

(李彤)

理想的背后是思想,思想迎面的是信仰,信仰直通的是生活。

(郭必娟)

把空想当理想,就像在鼠窝寻肥羊。

(姚爱华)

理想永在前方,奋斗常在路上。

(毛蓉英)

把充满正能量的欲望升华为理想,把理想转化为行动,把行动规范于航标的方向之中。

(张洪萍)

追梦路无限沧桑,历尽沧桑的珍贵才是真正的理想。

(刘福娴)

没有理想,连成功的影子也看不到。

(高学如)

正确的理想给人正能量,错误的理想引人走错方向。

(金文富)

理想巨人,行动矮子,嘴如铁叉,身子如棉花,只能做个人渣。

(傅国献)

如愿的道路不一定光明,光明的道路不一定如愿。

(倪国昌)

违背大多数人利益的理想就是产生罪过的地方。

(曹文国)

渔民苦,抗浪泡海为生活。成功难,没有理想易徘徊。

(董跃秀)

理想失去行动,如帆船欲行无风。

(董跃秀)

思想是理想的基石,理想是行动的指南。

(虞岑)

光想不做是空想,光做不想是乱闯。

(欧阳祯)

理想在胸中点燃,前途在征程中闪光。

(缪云山)

心中有梦只是梦,不断付出梦成真。

(施德英)

时代不断变化,理想不断提升,不付诸行动永远依旧。

(张崇高)

理想是靶,意志是弓,行动是箭,实干就是拉弓的手。

(施友竹)

立春到,不代表好天气来;好理想,不代表真正成功。

(刘克娴)

理想如航标,志向是灯塔,前途在彼岸,努力是动力。

(陈少山)

读理想之书,行务实之路,才能不断实现理想。

(钱岑)

理想不是儿戏,不能靠运气,关键靠实干。

(李彤)

打铁要靠自身硬,理想要靠本领高。

(苏平)

理想的背后是信仰,理想的根基是勤奋。

(郭必娟)

理想在前方,奋斗在路上。

(毛蓉英)

把充满正能量的欲望升华为理想,把理想转化为行动,才能走上正确的道路。

(张洪萍)

追梦的路上尽管有沧桑,但只要一直走下去终会实现理想。

(刘福娴)

理想的巨人,行动的矮子,永远也不会成功。

(傅国献)

理想失去了行动,就如同渔船失去了发动机。

(董跃秀)

因循守旧、墨守成规,不是理想的润滑剂,而是热情的灭火剂。

(唐明淑)

有理想是聪明人,没理想是糊涂人。

(张新文)

正确的理想使人不断成长,错误的理想贻害无穷。

(金文富)

中国梦,我的梦。国家好,民族强,才有我们每个人的好理想。

(毛蓉英)

理想是为自己的前途做出的一种计划和目标。

(苏平)

没有理想,无所事事,心情就会像迷途羔羊一样地难受。

(沈月)

奋斗不能体现在嘴上,理想不能停留在空中。

(毛蓉英)

理想是动力,动力方向正确是成功的首要条件。

(张洪萍)

一个好的理想在于自身坐标的正确定位。

(施友竹)

理想是前途的灯塔,前途是行动的希望,行动是理想前途的现实。

(俞明三)

一个人无论是平民百姓还是领导者,名利思想严重就会迷失前途、理想的方向。

（苏平）

怕付出、怕吃苦的人,再好的理想也是空想。

（唐明淑）

脚印连接能比路长,身长叠加可比山高,锲而不舍,才有希望到达理想的顶点。

（倪国昌）

没有绝望的理想只有绝望的自己,没有绝望的自己只有绝望的情绪。抛开情绪,面对现实奋斗,理想成功就在前面。

（沈月）

价值

乐于奉献,无价也可贵。只求索取,财多人低贱。

(高学如)

植物枯萎,从烂根开始。人生贬值,从失德开始。

(施友竹)

享受上向上看,越看越灰心;精神上向上看,越看越有劲。

(金文富)

一举成名天下知,一失足能成千古恨,人生价值往往就在举手投足间铸就。

(钱志明)

私心从哪件事开始,价值就从哪件事开始掉。

(毛蓉英)

对自己知足常乐,贪心常累;对大家有容乃大,无私无悔。

(李彤)

为人民大众做的事多一点,人生价值就高一点。

(缪云山)

财富的多少不一定就是人生价值的贵贱,寿命的长短不等于人生贡献的大小。

(董跃秀)

只有学会放弃无价值的,才能真正懂得选择有价值的。

（傅国献）

为私贪多必少德,贪心不足无价值。

（施友竹）

进步不只在努力前行之中,有时也在回首往事之时。

（钱志明）

失去财富可以创造,失去人格难以补救。

（孙宏松）

按本色做人,按角色行事,按特色定位,是人生创造价值的起点。

（张乃扬）

一花独秀价值高,一人独享必低贱。

（刘福娴）

人生是面镜子,你笑他也笑,你哭他也哭。

（傅国献）

给大家修桥补路,是给自己拓宽后路。

（郭必娟）

有价值不在年高,无价值空活百岁。

（欧阳祯）

不要为自己的幸福去辛苦别人,要为别人的幸福辛苦自己。

（唐明淑）

自觉美好是有限的,让无数人记住你的好,则是无限的。

(苏平)

人生奋斗百年,价值有限;后辈成才继承,意义无尽。

(高学如)

为自己贪财可使人贬值,为大家散财可使人升价。

(施德英)

人对社会的贡献是衡量人生价值的天平。

(张新文)

奋斗不怕苦,苦尽甘会到。只知享清福,福尽悲定来。

(唐明淑)

个人的价值再大也是小价值,大家的价值再小也是大价值。

(苏平)

偷偷摸摸为自己,沾沾自喜常低贱。风风雨雨为别人,光明磊落有价值。

(顾俊祥)

荣誉在人生成功中开始,价值在骄傲自满中结束。

(张学高)

没有奋发向上的情怀,就没有创造价值的人生天地。

(张宏萍)

不求丰厚家产传后世,只愿留得清气在人间。

(袁世君)

人生价值随奋斗而提升,随叫卖而贬值。

(张跃兰)

人生价值不可在市场上买卖和交换,却可在高尚的心灵间经营和流通。

(俞明三)

生命

一个再会开玩笑的人也绝不会高兴对一样东西开玩笑,那就是生命。

(徐睿)

生命是"1",梦想是"1"后面的"0",离开了"1",再多的"0"也不起作用。

(戴鑫栋)

不要用稀世之宝来装饰自己,要用强健体魄来武装自己。

(顾睿)

人生由时间组成,不珍惜时间就是不珍惜自己的生命。

(李冬梅)

生命长度很短,人品要正,心地要善,待人要诚,可增加生命的宽度。

(曹亚东)

生命是一条奇特的几何曲线,曲线的始点由不得你来选,终点对你来说,却有二分之一的选择机会。

(陆雅倩)

生命是热情、希望、进取、成功的有机整体。

(张璇)

生命的最大意义就是创造出比生命更长久的事物。

(沈月)

生命不仅有长度而且有高度和宽度,长度显示生命的存在,高度显示生命的意义,宽度显示生命的影响。

(孙小鹏)

你的生命只与个人相连,你只能拥有自己,或者连自己也难以拥有;如能与大家相连,就拥有了大家;如能与时代责任连在一起,你就拥有了时代。

(高海峰)

生命无论怎样转弯抹角都是走向尽头;无论怎样走向尽头,有大家喜爱的东西留下,就等于延长了生命。

(王晓红)

在这个蓝色的星球上,最公平的就是生命,因为每个人有且只有一次。

(顾犇)

生命是丰富的,它是阳光与风雨的搏击,是欢乐与痛苦的交替。

(冯译娴)

如果轻薄地对待自己的生命,那么什么美好也不能看到。

(刘梦琦)

生命就如一盏灯,遇到挫折时,请用振作为其添油,勿用眼泪当油添。

(徐睿)

生命是一本书,只有写好才耐读。

(周文纬)

生命的价值在于不断超越自我。

(王茜)

生命虽然短暂,但却可以让你感受到人生的喜、怒、哀、乐。

(俞一雷)

生命在生活中如同在大海中,有惊涛骇浪,也有风平浪静。

(张宁娟)

生命,在你双手的雕镂下才能成为一颗璀璨的宝石。

(顾熹)

浑浑噩噩,生命就如昙花一现;兢兢业业,生命才能细水长流。

(沈佳子)

人的命运不是由上帝操作,而是由人自己把握。

(王彧)

生命的意义在于过程而不在于结果。

(许滢春)

生命如一出戏,只要你认真演,台下就会有观众和掌声。

(钱菲)

生命是一首诗,不在于长短、华丽,而在于精炼、朴实。

(顾萌)

生命是五彩缤纷的,但只有我们去细细地品味它,才能感觉到生命中的快乐。

(张嘉伟)

生命像支蜡烛,不在长,而在于亮。

(肖飔)

生命是部电视剧,只有投入才会精彩。

(梅文鼎)

生命是自己的画板,不要依赖别人来着色。

(杨天天)

生命每天都是现场直播,不可彩排。

(李珺珺)

善待自己的人定会热爱生命。

(任蓓蕾)

在生命的旅途中,最危险的不是悬崖峭壁,而是因迷恋路旁风景而止步不前或误入歧途。

(刘斌陆)

冲破土层才能尽情歌唱,超越磨难便会拥有新生。

这,就是生命的力量。

（戴雯鋆）

生命从开始的一刻起,就注定是一个风雨历程。

（陈璇）

我们能做的并不只是延长生命,更重要的是让它散发光彩。

（张一男）

生命是个圆,终点永远是新的起点。

（袁鹏）

生命的开始是一瞬间,生命的结束也是一瞬间,对这短暂的两瞬之间,有什么理由不去好好珍惜。

（丛苗）

生命是很短暂的,你的生命应该都用来实现你的理想,创造你最美好的未来。

（刘杨）

生命是宝贵的,我们要让宝贵的生命充满乐趣。

（吴媛媛）

生命是有限的,但如果你能在有限的生命中奉献出无限的爱,你的人生便是有价值的。

（缪薇薇）

人能好好地活着就是一种幸福,不要轻易放弃生命。

（汪海澄）

只要你热爱生活,生命永远都有希望。

(赵理)

出生的那一刻,意味着人生倒计时开始。

(蒋秋榕)

生命的可贵,不在于拥有什么,而在于不懈地追求。

(王银银)

学习

人不是劳作死的,牛系在桩上也老。人要活到老,学到老,干到老。

(张学进)

长满鲜花的地方不会有杂草,潜心学习的人就不会有邪念。

(尤旭)

十分的努力或许只有五分的收获,百分的努力定会有千分的成果!

(顾培建)

书是我们的朋友。面对书籍,我们能与英雄对话,和先哲交流;面对书籍,我们将同丑恶争辩,与高尚同行。

(唐海燕)

好的书籍犹如心灵的清洁剂,读得越多,心灵也就越明亮、透彻。

(徐杰)

与书交友要用心,而不是只用口。

(高陈)

会学习,能从我们所学到的知识中拓展出更广阔的天地。

(张晓峰)

理想的书籍是智慧的钥匙。

(吴晶晶)

手捧好书,就好像捧着金灿灿的金子,金子是作者的,光芒是读者可得的智慧。

(季鹏)

把时间放在学习上,便成就了智慧;把时间用在家庭上,便成就了亲情。时间很公平,把它放在哪儿,收获就在哪儿。

(黄晓琴)

学习中没有永远的胜者,也没有永远的败者,有的只是永远拼搏向上的人。

(倪永伸)

粮食能填饱肚子,而知识永远无法填满我们饥渴的心灵。

(徐玲玲)

书是治疗愚昧的最好药剂。

(徐新亮)

人生是座桥,书则是桥那边的美景。

(何燕)

知识是灯,努力是油,要想灯亮,就要加油。

(季萱)

一个人的文化底蕴是一本本的书累叠起来的。

(葛海燕)

知识是改变人生命运的最大因素。

(唐璐璐)

越是有知识的人,越会觉得不懂的东西多;越是无知的人,偏偏认为啥都知道。

(季金耀)

是鹰就去翱翔,是马就去驰骋。生活窘迫何妨?环境恶劣怎样?做最好的自己,爱学习就会成功。

(吴明石)

人生学习就像上一趟列车,能挤上去有可能成功,挤不上去注定失败。

(钱永生)

学海无涯,勤勉是楫。

(顾鑫鑫)

追求理想的学习才能沐浴在理想的光辉之中。

(陈楠)

无书却不求书者,是没有追求的庸人;有书却不读书者,是舍本逐末的俗人。

(苏舒)

知识是海洋,书是桨。每个人在这海洋里都有一叶舟,要想行得远,靠的是正确用桨。

(曹鹏鹏)

一个求知的人走进图书馆,就像老牛奔进了菜园子。

(陆峰峰)

三更有梦书当枕,五更闻鸡勤作剑。

(王晴)

与书为伴的人永远不会孤独。

(冯丽妍)

穷不读书穷根难除,富不读书富不长久。

(尤婷婷)

路再远,总有尽头;山再高,总有顶峰;而学习,却无边无际。

(张俊俊)

吃饭是为填饱肚子,读书是为丰富精神。

(陈佳卫)

读了一本好书,如同交了一位益友。

(顾亚新)

与其用华丽的衣服来打扮自己,不如用知识来武装自己。

(冯哲)

谋生

快乐靠寻找,幸福靠营造,好事不会从天上掉,任意妄为是凶兆。

(张德芳)

抬起头做人,埋下头做事。

(葛德珍)

有些人不必等,有些事不必争;办好自己的事,做好自己的人。

(孙胜珍)

灾祸是难,用创意破解,幸福随之即来。

(高俊峰)

不满意是生活创新的原动力。

(李冬梅)

成功之时不要忘记过去,失败之时不要忘记未来。

(沈晓鹏)

乌龟跑不过兔子,兔子却撑不过乌龟。

(孔俊峰)

该放弃的决不挽留,该珍惜的决不放手。

(高德美)

奋斗

艰苦磨练人的意志,奋斗改变人的命运。

(欧阳祯)

滴水石穿,坚持的事情总会在某个时刻给你回报。

(王爱兵)

一步实际行动的迈出胜过千万次高呼的决心。

(张兰)

生于艰苦,成于奋斗。敢于面对艰苦生活,人生才能天高水长。

(倪国昌)

不管艰难困苦有多少,只要健步前进,总能收获一路风光。

(董跃秀)

好骑手才能跃马扬鞭,好舵手才能扬帆远航,勇于奋斗的人才能自立自强。

(李彤)

世事无奈,我们能做的就是做最好的自己。

(缪建华)

雪花之所以能让大地银装素裹,是因为它一片一片不知疲倦地累积。

(顾金凤)

生活剥去很多无用的东西之后,只剩下实在、平凡的每天的日子。

(李志鹏)

空活百年不如做好一事当前。

(孙宏松)

跌倒了并不可怕,可怕的是不想爬起来继续奋斗。

(孙宏松)

无法行动的理想与空想没有两样。

(唐明淑)

缩手缩脚寸步难行,迈开步伐走遍天下。

(缪云山)

聪明的人不怕犯错误,但要避免犯同样的错误。

(孙宏松)

创业是生命的出彩,守业是生命的延续。

(张新文)

选择奋斗的人,成功才会选择他。

(高学如)

退却滋生无能,奋斗孕育希望。

(缪云山)

艰苦奋斗垦殖良田万顷,铸就英雄豪杰,成就如东百万人民。

(施友竹)

与其向旁人哀求,不如自己奋斗。

(朱小明)

风筝上天要迎风,人生成功要奋斗。

(喻明祥)

智慧人用行动说话,愚蠢人用舌尖吹牛。

(张乃扬)

艰苦是人生成长的基石,奋斗是事业成功的动力。

(傅国献)

泰山再高也有顶,困难再大亦有限,条件再差会改善,艰苦奋斗出成果。

(张乃扬)

虚假的奋斗挂在嘴上,真诚的奋斗落实在行动里。

(苏平)

往事不必遗憾,若是美好,叫作精彩;若是糟糕,叫作经历;若是平淡,叫作人生。

(何敏)

逆境中存恒心,顺境中能自持。

(何敏)

有时候,我们的光芒被其他人遮住了,我们应该深切而又真诚地感谢这些人,是他们让我们发现了自己的不足。

(何敏)

达观的人在痛苦中完善自我,无私的人在痛苦中拥有自我,勇敢的人在痛苦中强化自我,理智的人在痛苦中认识自我,聪慧的人在痛苦中超越自我,懦弱的人在痛苦中怨恨自我,卑鄙的人在痛苦中炫耀自我,玩世的人在痛苦中放荡自我,平庸的人在痛苦中轻视自我,拼搏的人在痛苦中忘却自我。

(陈少山)

退潮不赶海,涨潮难回还。不是接涨走,就是被潮埋。日子过去了,节俭不能忘;事业成功了,奋斗不能止。

(张乃扬)

王侯将相本无种,艰苦奋斗出英雄。

(孙宏松)

人生在世不拼富贵看精神,艰苦奋斗彰显人性之美。

(陈芳仁)

看前人艰苦奋斗,才能明白今天的幸福之源。

(毛蓉英)

财富有聚有散,艰苦奋斗精神是永远的不动产。

(毛蓉英)

健康的身体是事业的基础,坚强的意志是精神的接力棒。

(张学高)

没有前人的艰苦奋斗,就没有后人的辉煌成就。

(陈芳仁)

时间就是生命,生命不是时间,生命是存在着的奋斗。

(王梅)

修养

得意不忘形,失意不失态。

（龚电公）

使你疲倦的不是前面的高山,而是你鞋里的一粒沙子。

（龚电公）

身正无惧斜影,清风自会徐来。

（张栩龙）

聪明用于正路,易成人生美事,聪明用于邪路,必致人生悲剧。

（缪红梅）

如果有选择,那就选择最好的;如果没有选择,那就努力做到最好。

（张雪梅）

只有尝尽生活中的酸甜苦辣,你才能成为坚强的人。

（韩敬林）

真正的天才是要有超人的智慧和凡人的心态。

（吴薇）

聪明的人自认为笨所以明智,笨人自以为聪明所以愚笨。

（李婷婷）

悲观只能产生平庸,乐观才能造就卓越。

(曹敏)

对自己永不满足的人,才是真正的人才。

(乔妮)

成才不仅要依靠科学文化素质,还要有强健的身体和良好的道德素质。

(陈保坤)

真正的成功不在于超越别人,而在于超越自己。

(季兵兵)

自立能力不是岁月的产物,而是实践的结晶。

(顾陆伟)

学会忍耐,就是学会不做蠢事,就是学会不做那种一时痛快,却终身遗憾的事。

(朱玲玲)

风帆,挂在桅杆才显伟岸;人,有益于社会才能学会欣赏自己,才会发现这个世界很精彩。

(朱炳红)

有才无德的人只是"危险品",德才兼备的人才是"上品"。

(陈妹)

意识到自己渺小,你才会成熟。

(吴晓燕)

虚荣的人只会照顾自己的面子,而不会顾及自己的影子。

（曹兵）

奔跑可以产生速度和效率,但静下来辨认方向更为重要。

（卢亚群）

懒惰者的生活,每天都相似;创造者的生活,每天都是崭新的。

（王娟）

欢乐就是健康,忧郁就是病魔。

（蔡东东）

看一个人的素质,不光是看他所做的宏伟业绩,更重要的是看他生活中的点滴小事。

（葛雯婷）

一个人最可怜的是无知,最可悲的是浅薄,最可笑的是轻薄,最可贵的是宽容。

（许陈）

最严峻的考验,不是在成功前,而是在成功后。

（施华）

良好的素质是我们成功的开端,良好的素质能让你把握成功的秘诀。

（藏奕东）

在没有镜子的地方别忘了自己,因为生活就是一面镜子。

(符秋阳)

生命的真正乐趣应该是不随波逐流。

(王玮)

做人要老实,说话要诚实,做事要踏实,此乃人生"三实"。

(鲁伟)

宽大的胸怀可以让你进一步领悟生命的美好。

(谭季禄)

英雄就是在平凡的时候,做出不平凡事情的人。

(程晨)

不能让命运主宰自己,而要让自己掌握命运。

(徐杰)

一个科学家首先就应该是一位思想家,因为研究科学要建立在研究思想的基础上。

(陆一钊)

做人很简单,做高尚的人很难。

(刘璇)

夜空越是漆黑,星光越是灿烂。

(刘颖)

诚实是自信、大度、力量的结晶。

(陆晓雯)

知识是别人夺不去的财富。

（毛俊俊）

上帝送出两份礼物,送给乐观者的是信心,送给忧郁者的是眼泪。

（樊邃）

一个运动员,放弃了斗志,就等于比赛提前结束。

（施寅峰）

只有庸才,才会在仅剩几步的坦途上乐不思蜀;只有弱者,才会在刚出现的山峰前以泪洗面。

（赵于超）

再漂亮的花草在牛的眼里也只是食物。

（佘彩云）

人可以走遍世界,却难以走出自己。

（杨倩）

羡慕别人得到的,不如珍惜自己所拥有的。珍惜自己所拥有的,不如创造自己未得到的。

（朱炳红）

如果自己的眼睛不正,那么看什么都是歪的。

（徐杨阳）

人,想要改造社会,首先要改造自己。

（王玉玲）

错了不改,就成了另一个错误。

(秦玲玲)

虚假的理由不是理由,是借口;真正的理由不是理由,是理解。

(李丹)

人的一生只有保持微笑,才能没有悲伤。

(陈超)

人生中一份淡淡的遗憾是一种耐人寻味的美。

(刘丹丹)

一个出色的演员不但能在艺术的舞台上演好别人,而且能在人生的舞台上演好自己。

(缪斯)

再高再粗的大树,没有啄木鸟的帮助,也会被一只小虫"蛀"倒。

(王鹏程)

今天的落日孕育着明天的朝阳。

(陈雨彤)

不要老想做众人的主角,事实上你就是自己一生的主角。

(冯晓彦)

你若以自己为参照物,那么太阳便围绕你旋转。

(蒋乐)

人生就像在大海中冲浪,有浮也有沉。

(张国梁)

伴舞者虽然只是个很少得到观众注意的附属者,但舞台生色,舍其不可。

(沈杰)

如果时间能倒流,那么我们永远不懂什么叫拥有。

(徐燕燕)

一棵大树可以制造千万根火柴,一根火柴可以吞没千万棵大树。

(陈聿思)

一个人身上背的金子越多,他前进的速度就越慢。

(李子牛)

大海从不拒绝走过弯路的小溪。

(缪宇鹏)

幸福大多是在困难和挫折中孕育,在奋斗中降生,在前进中成熟。

(杨金秋)

人生是一本可爱的卡通书。

(陈菁菁)

在常人眼中,得不到的东西永远是最珍贵的;而在智者的眼中,曾经拥有的东西才是最珍贵的。

(钱继扬)

流星的价值在于曾长久地停驻在苍穹中,却淋漓尽致地体现在坠落的瞬间。

(施思)

宇宙中只有一个太阳,但人人都有一片阳光。

(孙晨澄)

对照镜子,你只能看见外表;对照别人,你可以看到灵魂。

(杨金员)

掩盖错误就是断送进步。

(张雪松)

摔跤并不可怕,可怕的是摔倒之后再也爬不起来。

(李玲燕)

悲观的人每一天都是黑色的,乐观的人每一天都是五彩的。

(李玲燕)

双眼可以看到整个世界,却不能看到真正的自我。

(张小治)

人生如果没有梦,就会显得单调呆板;如果梦太多,则容易落入幻觉。

(韩升梅)

真诚的赞扬和欣赏是抚慰人灵魂的阳光。

(于敏)

兴趣好比柴油,人好比机器,人没有兴趣就没有前进的动力。

(赵晓峰)

享受每一天的同时,更要记住充实每一天,将每一步都走精彩。

(蒋莉)

微笑是最美丽的语言。

(任佳)

悲观者如一颗霉变的种子,纵然播在最肥沃的土壤中,也永远长不出翠绿的希望;乐观者恰如顽强的仙人掌,即使落在最贫瘠的土地上,也能生机勃勃。

(宋莉莉)

不要对昨天的灿烂恋恋不舍,或许明天你会拥抱更加绚烂的辉煌。

(王静怡)

不要刻意装饰你的外表,而要努力丰富你的内涵。

(王静怡)

橡皮可以擦去过去,却改变不了未来。

(张琛琛)

人生如一张调色板,之所以有差异,是因为各人所使用的颜色不同。

(朱炳红)

谦虚者的起点,骄傲者的终点。

（王勇）

一个聪明的人,善于把缺点纠正为优点。

（张文轩）

强者会在失落时告诉自己:每天的太阳都是新的。

（于苏娟）

人一生走过的所有辛酸血泪之路,为的都是找到一方属于自己的蓝天。

（徐媛媛）

劳动是勤奋的手,节约是智慧的心。

（徐牛牛）

高举火把照亮别人时,也照亮了自己。

（曹德明）

最高的享受就是完成别人认为完不成的事情。

（高茜茜）

顺境中看到的笑脸容易被遗忘,逆境中看到的笑脸才使人刻骨铭心。

（梅建华）

很多时候,我们不是跌倒在自己的缺陷上,是跌倒在自己的优势上。

（周晓东）

所谓"以人为镜"的人只拿一面镜子,因而他只能看见自己的尊容,看不到自己的后脑勺。

(郭益锋)

大雁没有孔雀美丽,但孔雀总是羡慕大雁能在高空中翱翔。

(冯晨)

不靠自身而依赖外界获得的幸福,并不是真正的幸福。

(史晓君)

只要你打开封闭的心扉,阳光是不会弃你而去的。

(徐艳清)

人生多一次经历,就多一笔财富。

(沈新红)

人们在自认为利用了别人的同时,更多的是变卖了自己。

(应红云)

真理就住在谬误的隔壁,人们寻找到真理常常是在一次次地敲响谬误的门之后。

(季小建)

不能认清自我的人是真正的盲人。

(金鑫)

梦醒的人不会留恋梦中的果实。

（陈杨）

一切以自我为中心的人，就像是一个圆圈，到头来还是一个"○"。

（顾浩亮）

羡慕也是一种无形的动力。

（应静）

在竞争中，没有人停下来等我，只有我不断地追赶别人。

（张婧）

生活就像一首诗，有升降格调，和谐韵律。

（戴仲如）

等待明天，不如今天摘取。

（徐杨阳）

对着成绩感到满足时，自己便停止了进步。

（张伟）

过去只能靠回忆来重温，将来却要靠自己去创造。

（毛晶晶）

路再直，总有拐弯之处，挫折就是换个角度去看人生。

（唐愫）

失败的风雨是对成长最好的洗礼。

（朱旭）

一味地低着头,你只能看到自己的脚尖。

(顾丹丹)

有时候放弃是另一种得到。

(顾晔)

人应如树,站着是道风景,倒下也派用场。

(洪娟)

要想得到别人的爱,就必须拥有值得别人爱的东西。

(黄颖)

百事从心起,一笑解千愁。

(沈娣)

总是记住有一双无形的眼睛盯着自己的人是不会做亏心事的。

(戴建国)

人总是遗忘了所拥有的而珍惜已失去的。

(鲁俊龙)

把自己和自己纵向比较,你就永远没有烦恼。

(戴建国)

一个人没有梦想就等于没有灵魂。只有追求梦想,才能实现成功的跨越。

(张学进)

身正不怕影子歪,心正不怕鬼敲门。坐不正,行不正,白天也怕人敲门。

(张学进)

愚公智女,挖山掘地,是愚是智,各有道理。

(施德群)

阳光能穿透乌云浊气,本身却一尘不染。

(张跃兰)

不满会痛苦,满足也会无聊。

(高俊峰)

高尚的灵魂,是对自己怀有敬畏的心。

(俞沈月)

人在说话,话在说人。

(李冬梅)

没有此时此地该有的知识,就会有此时此地该有的痛苦。

(高苏久)

送牛奶的人比喝牛奶的人身体棒。

(曹亚东)

慢慢地走,稳稳地走,只要持续走,你就会发现自己是那个可以走得最远的人。

(尤昕昕)

靠运气,只能被动等待;靠志气,则会积极主动。被动等待不如积极争取。

(朱童)

聪明的人把自己拥有的当成最好的,愚蠢的人始终认为最好的已被别人拥有。

(孙海峰)

放低自己,你才能看得更高。

(许培培)

宁做逆流而上的小舟,不做随波逐流的浮萍。

(吴双珠)

你的眼光有多高,决定你的视野有多远。

(葛文娟)

路不通时,选择绕行;心不快时,选择放下。

(缪莉莉)

漫漫人生路,总会错几步。跌倒爬起来,一定会进步。

(萍小丽)

无论生活多么坚硬,人都可以柔软地活着。

(孙海峰)

赶海盼满载,人生望作为。

(缪云山)

世界上没有绝对的幸福,我们只能追求相对的幸福,否则你追到的会是悲痛。

(益鸣)

人生苦短,岁月漫长,有创新留人间,则与天地同寿。

(俞明三)

因为没钱死了,可叹;因为挣钱死了,可惜;因为贪钱死了,可笑!

(张新文)

一人有钱难安全,大家有钱,既富心也安。

(张新文)

道德之光、文明之火都来自善良之灯。

(毛蓉英)

钱少够用是自己的,钱多不用是他人的。

(高俊峰)

风光背后的沧桑是动力,风光背后的肮脏是包袱。

(张跃兰)

道德常常能填补智慧的缺陷,而智慧却永远填补不了道德的缺陷。

(倪国昌)

身外之物贪得越多,生命负担越重,制约幸福的因素也越多。

(倪国昌)

腐败猖獗,国家必乱;清廉通达,国家必强。

(袁世君)

辛勤捕捞有鱼虾,善于经营有钱抓。

(陈少山)

聪明人如能群策群力,更能放大个人奇迹。

(毛蓉英)

一锹挖不了井,一口吞不了饼,偷懒成不了事。

(郭必娟)

失败的人从失败中找到原因就能够离成功越来越近。

(孙宏松)

前进有险阻,百折不挠让险阻之道成为坦途。

(孙宏松)

失败是成功之母,教训与经验同样珍贵。

(华子裕)

失败并不可怕,可怕的是从来没有失败过。

(毛蓉英)

成可成成败之因,败可成成败之因,可成可败看时空所在。

(俞明三)

家庭

家庭是社会的细胞,家庭是哺育的摇篮;家庭是启蒙教育的航船,家庭是儿女温馨的港湾;家庭是栋梁之材的发源地,叶落归根常是游子的思念。

(陈少山)

可怜天下父母心,儿走千里母担心,悠悠寸草心,传承万古情。

(缪祝生)

世人应有亲情,个人离不开家庭。

(陈海燕)

世人有家,群鸟有林。叶落归根是恋家的真情。

(陈飞燕)

人品不在于地位高低,长寿不在于吃好穿好,家庭幸福不只在于丰衣足食。

(丁舜懿)

凌驾于社会、集体、家庭的人不是被社会、集体、家庭取代,就是被社会、集体、家庭抛弃和淘汰!

(杨毅)

父母手头不缺钱,缺的是儿女亲情和挂念!常回家看看,才可填补父母的空巢失落感。

(钱建平)

家庭好,国家强,财源滚滚,人丁兴旺,才是中国梦的真正希望。

(虞岑)

天赋人的性,地赋人的命,父母生的身,家庭培育人。性存天理,命存地理,身尽情理,才是人之常理。

(孙亚)

家富不骄傲,家败不气馁,做事常想国和家,跋山涉水有劲头。

(施拥新)

感情是幸福的起源,幸福是感情的归宿。家庭是感情的支柱,夫妻是幸福的侣伴。

(李玉珍)

体谅能使一家人团结,贪财可使一家人分离。

(董跃秀)

家庭是感情的港湾,宽容是感情的中枢。

(管永凤)

人生尊严在于自力更生,奋发图强;人生家庭在于同苦共甘,取乐天伦。

(邢华)

挣钱,尊老爱幼心里踏实;奋斗,养家糊口人生安分。

(李容)

量力而行家方安,见好就收人安神,知足常乐少贪欲,一生平安全家福。

(董志坚)

家庭是个人的小家,地球是人类的大家,大家兴旺小家好,小家再好不能忘大家。

(顾长秀)

幸福美好是人们奋斗的夙愿,比翼双飞是夫妻向往的生活,互尊互爱是家庭不可忘却的纽带。

(赵金凤)

哨口风筝交响回荡,只因有牵引人放飞梦想。在外奋斗能不屈不挠,只因有全家幸福的信念!

(赵美英)

倾听家中父母的心声,体现在外儿女尽孝的真诚。

(姚爱华)

家庭和睦万事顺,家庭不和事难成。

(苏平)

远亲不如近邻,近邻不如对门,对门就像家里人。

(郭必娟)

亲帮亲,邻帮邻。家庭邻里,和谐必须心碰心。

(孙宏松)

风筝无风不飞,篷帆无风不鼓,亲友无情不亲,家庭亲情靠内心。

(陈少山)

砖连砖成墙,瓦连瓦成房,亲帮亲情深,一家人靠的心碰心。

(毛蓉英)

和睦家庭穷也乐,吵闹之家富也忧。

(倪国昌)

前人后人眼,一代传一代。家庭檐头水,后头看前头。

(李彤)

渔民的家,无边的大,出海个个是兄弟,上岸户户是一家。

(曹学文)

千万个健康的细胞是身体强壮的基础,千万个幸福的家庭是社会和谐的基础。

身体强壮显示出千万个细胞的活力,社会和谐显示出千万个家庭的幸福。

(王莉莉)

强扭的生瓜不甜,捆绑的夫妻不香。石榴结籽,同生一胞抱成团;思想统一,家和万事才能成方圆。

(徐允浩)

重阳喜庆临秋深,双亲高寿是家珍。长寿如东知名县,鱼米之乡处处春。

(吴海峰)

生命在于运动,思想在于行动,夫妻老少情感在于培养和互动。

(董跃秀)

叶落思归根,在于乡情;家书值万金,在于亲情;常回家看看,在于孝情;离多怨聚少,在于真情。

(高陈军)

儿不嫌母丑,狗不嫌家穷。一家人同心,天伦之乐乐无穷。

(胡学庚)

父母"好"在子女"好",家家户户同此心。

(费秀宜)

家庭的圆满在于感情,感情的归宿在于自主,感情的破裂在于自负,感情的维护在于自爱。

(高炳余)

拉着集体的手,力量在心头。拉着智慧的手,创新有劲头。拉着父母的手,恩爱孝为先。拉着儿女的手,前进有奔头。拉着妻子的手,白头偕老福无边。

(赵美英)

当家方知油米价,是步入社会;养儿方知父母恩,是感悟人生。

(钱辰)

好家庭在于好家风,好家风在于好父母,好父母在于好传承,好传承在于好教育。

(陈玉兰)

家庭是全家人的港湾,父母是子女们的靠山,家庭教育是子女成长的催化剂,家庭建设是子女无忧的根基。

(施文明)

感情是人必需的往来,往来是人必然的活动。比翼双飞是爱的表现,和谐同心是家的温暖。

(宋明明)

丢下钯儿拿扫帚,夫唱妇随赛神仙。

(张友刘)

天上不会掉下你我他,唯有父母才有我们大家,可怜天下父母心,一代一代同此情。

(姚爱华)

良药苦口利于病,忠言逆耳利于行。家风家训家教严,子女出彩才是真。

(孙亚华)

香火兴寺不如文化兴教,文化型寺庙才是宗教信众真正的家。

(释廓清)

家是刮风下雨时为我们遮风挡雨的伞,家是烈日当头时为我们降暑纳凉的树。

(蒋管飞)

远航的船总要返程归港,家是永远最温暖的港湾。

(刘晶)

人心齐,泰山移。乡亲团结力量胜万钧,家庭团结事业日日兴。一门好家风,胜过家财万千金。

(袁世君)

和睦是家庭幸福的源泉,和睦是健康长寿的法宝。勤劳夫妻感情好,天长地久同偕老。相亲相敬如敬宾,家庭兴旺又温馨。

(袁世君)

上梁不正下梁歪,中柱不正倒下来,当家的是家庭顶梁柱,身正是保家安生的基础。

(缪云山)

太阳光大,父母恩大,君子量大,小人气大。

(顾俊祥)

一代传一代,自然必然;一代胜一代,要这样难这样。

(孙宏松)

家有一老,胜过一宝。

(於亚军)

荷花美生在洼地河塘,真善美不分门第高低。

(苏平)

穿不穷,吃不穷,奢靡成风步步穷。

(缪云山)

好家庭在于好家风,好家风在于好修养,好修养在于好学习。

(施友竹)

有了孙子,不做孙子,尊老爱幼,才是天理。

(施友竹)

尊老、爱幼的对等能维持家庭伦理天平的平衡。

(缪云山)

要使婚姻幸福长久,就要学会克制自我。

(苏平)

既难做老也难做小,老是一份责任,小是一份担当。

(苏平)

好男不靠祖业,好女不靠嫁衣。

(毛蓉英)

夫好一生有依靠,妻贤幸福享不尽。

(徐惕若)

半夜吵,五更好,小事吵闹寻烦恼。

(唐明淑)

家是家庭成员的同心圆。

(缪迎秋)

种子不好是一季的事,婚姻不好是一世的事,孩子教不好是一代人的事。

(张学进)

一人得福,带进金屋;一人有祸,连累一窝。祸福相依,有福同享,有祸同当。

(张学进)

家是小国,国是大家。修身保齐家,齐家方可立天下。

(周华)

良好的家庭是孩子的第一课堂。

(朱玉婷)

家永远是读不完的诗篇。

(葛艳丽)

每个家庭都需要彼此理解,而沟通是理解的催化剂。

(许雯君)

家,是一个温馨舒适的港湾,时刻等着疲惫的你回来。

(吴海燕)

美满的家庭是人人向往的避风港。

(卢亚群)

家庭破碎,无异于房梁倒塌。

(陶雷)

不爱家的人,谈不上爱社会、爱国家。

(黄海舟)

一个家庭就像一只手,只有五个手指共同努力,才会更加美好。

(何蓓蓓)

家庭是感情的第一所学校,是父母智慧和劳动的结晶。

(张蕾)

家庭联系着人的一生。

(张辰)

顾全大局,才能解决好家庭纠纷。

(季礼丞)

浮萍之所以注定漂泊,是因为它没有家一样的根。

(高强)

人际交往

亲友是关系的纲目。

（沈月）

同舟不共济,处处是危机。

（龚电公）

一见钟情是爱情,百年偕老更是爱情,前者体现的是爱情的灵敏度,后者体现的是爱情的强韧度。

（倪小华）

一个不懂得亲情、友情的人,也不会热爱他的祖国。

（袁世君）

没有永远的生命,但不能忘却永远的亲情。

（黄正雄）

如果为了国家的利益,必须牺牲朋友间的友谊,如能将友情保持下去,那么,这种朋友关系能真的达到完美的境界。

（袁世君）

对儿孙辈,只能是"三分爱",如果样样包办代替,做成"七分爱",那爱就变成了害。

（袁世君）

爱情是家庭和睦的"保修单",更是夫妻关系的"黏合剂"。

(张乃扬)

仁者寿高,义者友多,亲情、幸福多。

(欧阳祯)

天地有道人有情,百善孝为先。

(欧阳祯)

钱财传承家道好,尊老爱幼事业兴。

(陈少山)

严是爱,松是害,不管不教要变坏。

(缪云山)

世间婚恋有三味:一厢情愿饮苦酒,两情相悦甜似蜜,三角恋爱既酸又涩难纠缠。

(倪国昌)

恋爱如建房,偷工减料成就危楼险墙。婚姻需保养,年久失修必定百孔千疮。

(倪国昌)

因婚姻而承担的义务,远比权利多得多。

(张志明)

以财爱子子庸才,以德爱子子成才。

(毛蓉英)

爱情与婚姻一致,兴趣与事业一致,就能使你的潜力最大限度地得以发挥。

(张同林)

爱情可使人忘记时间,时间也可使人忘记爱情。

(季银海)

如果说交情是推荐信,那么亲情则是信用卡。

(王秋银)

力的作用是相互的,爱情的力量却可能是单方面的。

(王玉红)

爱情停滞在曾经爱的时候,爱情就结束了。

(邢俊俊)

因为寂寞可能错爱一人,因为错爱一人,反会寂寞终生。

(施玉峰)

忤逆就是一不小心忘了养育之恩。

(张家清)

亲情并不意味着要包庇他的错误,但意味着要他正确对待错误。

(张春梅)

钱可以增加亲情、爱情,也可以彻底破坏亲情、爱情。

(曹久久)

把爱情专注于一个人身上,冒险;把爱情洒在许多人身上,危险。

(沈德美)

三人同行必有一师,三角恋爱必有一伤。

(赵兰珍)

无法逃避的是情缘,无法搁置的是爱恋。

(耿亚英)

不要怪亲情太少,要问问是不是忘恩太多。

(陆月冷)

找亲人不是非要找生身的人,最重要的是要找有感恩之心的人。

(张跃红)

找爱不是找一个人的完美,而是要用完美的眼光,欣赏一个并不完美的人。

(余沈月)

幼时在家靠父母,觉得幸福很简单;成年自立靠自己,觉得简单很幸福。

(符建华)

秤不离砣,媳妇不离婆,创业在外不应没有朋友。

(缪云山)

生活很简单,几根面条就可以撑起热腾腾的日子。

(缪云山)

诚信虽不动步,却可缩短心灵距离。

(俞明三)

孝敬父母天经地义,孝顺公婆理所当然。

(毛蓉英)

路旁赏花昙花一现,患难夫妻天长日久。

（孙宏松）

酒肉朋友难长久,患难之交是真情。

（施友竹）

医患情深利治病,同病相怜最真切。

（倪国昌）

患难见真情,理解才知己。

（郭必娟）

有了孙子,做了孙子,苦了自己,害了孙子。

（沈月）

与懂法的论法,与明理的说理。懂法明理的人是不会寂寞的。

（戴建国）

高举火把照亮别人时,也照亮了自己。

（曹德明）

朋友,不要试图与诱惑握手,离开他,越远越好。

（张小林）

朋友,就是自己坠入低谷时,从上面伸出那双手的人。

（仇旭东）

友谊是冬日的炭火、夏日的清泉,是跌倒时的搀扶、失败时的鼓励。

（陈晨）

顺境中结交朋友,逆境中考验朋友。

(徐平)

真正的友谊经得起考验,真正的朋友没有蜜语甜言。

(耿萍)

友情是跌倒后的真诚搀扶。

(孙亮)

友谊是一根巨大的杠杆,稍有偏移,就会失去平衡。

(桑石磊)

理解是人与人相处的基石。

(吴浩文)

总埋怨自己没有朋友,可是当别人为你捧上一杯热茶的时候,你却忘了说声"谢谢"。

(张微微)

友谊是志趣的相投,是意志的融合,而不是"哥儿们"的代名词。

(刘胥雯)

好朋友可以与你共渡难关,而坏朋友只会分享你的快乐。

(盛文亮)

交友如同买一面镜子,平面镜、放大镜或是哈哈镜就全靠你自己选择。

(张雪松)

友谊不需要用眼睛去寻找,而应用心去细细体会。

(缪爱俊)

金钱不能给友谊增辉,酒肉无法为友谊添彩,信任才是友谊真正的添加剂。

(唐海燕)

朋友不是一种交易,而是一种责任。

(叶玲玲)

要想拥有一个挚友,你首先必须做个挚友。

(顾冬冬)

患难时相助的感情是最纯真的。

(季鑫鑫)

真正的朋友不仅会锦上添花,更重要的是他能雪中送炭。

(严晓波)

真诚是友谊的鹊桥,虚伪是友谊的坟墓。

(缪剑波)

看你经常和谁在一起,就可以知道你的为人。

(毕真)

我们不可能选择父母,但可以选择朋友。

(蒋莉)

诚恳是友谊之花最好的肥料。

(秦蓉)

友谊比珍珠更晶莹,比炭火更炽热,比时间更绵长。

(蒋莉)

药物护理伤口,友谊温暖人心。

(王娟)

在朋友身上,可以找到第二个自我。

(朱玲玲)

缘分是久久长长的相聚,友情是生生世世的牵挂。

(张珣)

交友应重义重理重情,轻名轻利轻财。

(许郭晋)

与别人交流,才能看到真正的自我。

(于强)

多一个真诚的朋友,等于多一个帮你思考的头脑。

(冯凯敏)

我并不在乎你的金钱,我只在乎你的真诚,因为我们是朋友。

(戴莉)

若不想让自己的人生成曲线,请别拒绝直尺的帮助。

(徐宝祥)

伞,为了报答,一味袒护举起自己的人。

(曹佳妮)

冷漠是伤害他人又伤害自身的一把双刃剑。

(王雨花)

朋友是一幅好画,画中的每一笔都是用心去描绘的,只有知音才能看懂其间的玄机与意蕴。

(朱丹青)

团结,在生龙活虎的赛场上体现;友谊,在激烈的竞争中升华。

(曹晶)

友谊之花需要时间流水的浇灌和空间太阳光辉的照耀。

(朱晓东)

天上的星星无法用数字来计算,真正的友谊无法用金钱来衡量。

(徐小成)

别忽略朋友,哪怕在你最快乐的时候;别伤害朋友,哪怕在你最痛苦的时候。

(顾星烨)

真正的友谊并不需要太多的修饰。

(张海军)

不要总是埋怨自己的朋友太少,打开自己关闭的心扉,朋友就会一个个站在你的面前。

(陈梓华)

集体

脱离集体如孤雁失群,融入集体似百川归海。

(施友竹)

一担担土垒起范公堤,一锹锹泥挖开如泰河,一个个人成就集体伟业。

(缪云山)

一滴水容易蒸发,一个人难成大事。

(孙宏松)

一人推墙墙不动,众人推墙如山倒。

(孙宏松)

一粒沙无足轻重,一堆沙聚沙成塔。

(唐明淑)

三个笨皮匠,胜过诸葛亮。人多主意多,柴多火焰亮。

(毛蓉英)

"众"人叠抱力量大,"个"人独木难支撑。

(郭必娟)

单枪匹马难以迎敌,集体上阵战无不胜。

(倪国昌)

蜂王固然重要,没有万千工蜂则将成为孤家寡人。

(苏平)

政策是劲风,集体是风帆,大家是划桨手,劲风加群力,快速无人敌。

（陈少山）

用力不齐船帆难升起,人际不和集体难强大。

（董跃秀）

融入集体的个体更有魅力,体现个体作用的集体才能更强大。

（张新文）

只有告别自私的个人,才能真正融入"我为人人,人人为我"的集体。

（张乃扬）

个人是集体的主人,集体是个人的舞台,主人凭借大舞台才能演出人生大剧来。

（高炳余）

小康之家是幸福如东的细胞,如东发展幸福你我他,成功与否靠大家。

（李忠德）

人体健壮离不开血液的流动畅通,集体发展离不开网络信息的沟通,智慧生态才是真正美好的宜居如东。

（缪祝生）

拥抱集体才有信心,通力协作最有力量。

（吴克安）

大众创业行行无闲人,万众创新处处见发展。

(缪云山)

鱼在浅滩不见海,舟到浅水难航行;人在集体力量大,互相依靠见深情。

(施美琴)

一个人的才能好比金子,如果用谦虚和公心镶边,就能在集体事业中熠熠生辉。

(毛蓉英)

水滴能汇成江河,米粒能装满箩筐,个人智慧融入集体能成就大事业。

(毛蓉英)

堆柴篝火能驱散严寒,凝心聚力能吓跑困难。

(毛蓉英)

只有告别单独的个人傲气,才能真正融入社会集体。

(张乃扬)

一人冒进,难避风险;众人齐上,乘风破浪。

(唐明淑)

水滴入海,能成大浪;个人入群,前途无量。

(张学高)

鱼无鱼群太孤寂,人无集体苦伶仃。

(郭必娟)

无论是昔日百万大军围垦造田,还是如今建设东方深水大港,都是如东人集体奋斗的成功梦想。

(施友竹)

百川入海,天造扶海洲;万众奋斗,同圆中国梦。

(倪国昌)

众人划桨船行快,劈风斩浪需齐心。

(孙宏松)

船老大不能一人出海,大事业需要大家努力。

(金文富)

围垦大军有力量,众人齐心海疆新。

(顾俊祥)

人离不开集体,就像文蛤离不开滩涂;文蛤离开滩涂难成天下第一鲜,个人离开集体就不能出彩率先。

(高炳余)

融入集体如鱼得水,脱离集体如树断根。

(陈少山)

二人不成众,孤木不成林。个人开山难上难,众人开山山易平。

(董志坚)

人依人、人叠人,众字始一人,上正下层稳,整体才端正。

(董耀明)

打断骨头连着筋,失去了群体的个人,就像失去了力量和魂灵。

(缪祝生)

没有密集大闪电,就没有轰鸣惊天雷;没有大集体,就很难做出大作为。

(曹金明)

家庭是港湾,集体是舞台,船只不能没有港湾,人生不能没有舞台。

(吴克安)

在家靠父母,出门靠朋友,人生离不开集体,依靠集体更易出成果。

(陈少山)

八仙过海各显神通,玩玩可以摆摆威风。集体奋斗良性互动,目标一致容易成功!

(施文明)

人心齐,泰山移!24次围垦筑海堤,不是集体力量大,堆个小堆也会成难题。

(施美琴)

把利益留给集体,把方便让给同船,同伙无二心,索取有度同甘苦。

(李彤)

父母官离不开父母,老百姓离不开政府,农民离不开土地,个人离不开集体。

(王莉莉)

个人是条鱼,集体是江海,鱼离江海,悔恨已知晚。

(纪跃华)

二人从,三人众,联合成群是群众。

(喻璐琦)

一棵树只有扎根大地,才能生机盎然;一滴水只有汇入大海,才能源远流长;一个人只有融入集体,才能永不孤单。

(缪健)

沙子虽松散,可它和水泥、石子混合后比岩石还坚硬。

(刘冬)

家乡

愚公可移山,智女能掘港,执着加智慧,如东无难事。

(潘金环)

游遍名山和大川,心中记着的还是如东家乡的幸福和温暖。

(张兰)

如东没有高耸入云的山脉,但处处有润泽长寿之乡的涓涓水流。

(俞明三)

如东海产味鲜美,更有天下第一鲜。

(沈月)

空中交响仙境声,如东海边常可闻。

(俞明三)

八大品牌狼山鸡,小小如东世界奇!

(张源)

上有天堂,下有苏杭,苏中鱼米之乡,如东跨海越江。

(孙宏松)

海产丰富鱼米乡,新掘洋口成大港,如东特产出东洋,扶海美名天下扬。

(唐明淑)

共建文明村,同修幸福路,人和万户春,政通千家富,心态不老青春在,无忧无虑长寿乡。

(倪国昌)

健康是一种幸福的享受,锻炼是一种积极的健身,如东街舞是一道独特的风景。

(王鹏)

吃讲营养,穿讲花样,长寿秘诀,心情坦荡。

(缪云山)

洋口港海轮,冲浪通四海;海洋铁路火车,鸣笛传五洲;小如东幸福与环球同凉热。

(缪云山)

太阳日日东升,如东天天不同。

(施友竹)

掘马岔丰栟,千年老古镇。旧貌供游览,处处换新颜。

(施友竹)

东方深水港,海边风电场,黄海旅游地,扶海越长江。

(施友竹)

如东的人民智超群,如东的人民志凌云,如东的人民爱家乡,如东处处见辉煌!

(黄茂英)

拥有天下第一鲜,打造地上第一城。

(戴建国)

海子牛踏浪赶海,如东人苦尽甘来。

（蒋亚平）

如东没有名山大川,却有领先世界的东海金牛,还有吸引四海宾朋的海文化旅游。

（张乃扬）

船过无痕,鸟过无影,洋口港通江达海,功盖千秋。

（傅国献）

今天喜站洋口港,笑对汪洋;昔日漂泊海浪间,只能望洋兴叹。

（陈少山）

昔日赶海潮,汗洒范公堤;今朝去游览,欢笑洋口港。

（苏平）

百强县,智慧人,洋口劈港新建海港城。

（缪云山）

扶海洲由大自然生成,洋口港在改革开放的新时代完成,美丽富饶的新如东由勤劳智慧的如东人建成。

（高学如）

如意东方,如日东升,如东人民的精神境界,如泉水一样清纯。

（倪国昌）

鱼米之乡,水陆通畅,年丰人寿,处处阳光。

（欧阳祯）

岸生海子牛,海出大金牛。牵住牛鼻子,滚滚来财源。

(施友竹)

如意东方,领先世界,看海货五花八门,观海潮心情荡漾。

(毛蓉英)

火车响,船冲浪,五洲四海连心房,眼界心胸,越来越宽广。

(钱志明)

心随车船抒豪情,四海财智涌进来。

(顾俊祥)

清廉使人心清气爽,实干创造智慧如东。

(陈少山)

风帆靠劲风推动,长寿靠健康运动,幸福靠自己创造,美好家园靠大家营造。

(陈少山)

没有智慧就不能创造,没有改革就不能发展,没有法治就不能安定,没有幸福如东就没有长寿之乡。

(董跃秀)

没有沃土河网,就没有鱼米之乡;没有智慧如东,就没有我们的前途无量。

(董跃秀)

幸福的家庭和谐富足,幸福的如东风正民殷。

（高俊峰）

长长脑子,长长知识,长长见识,长长才干,如东人的幸福全靠干部群众的智慧实干。

（李冬梅）

幸福如东,我在其中。

（唐明淑）

个人幸福不是真正的幸福,众人幸福才是如东人的幸福。

（唐明淑）

幸福如东,如意东方,鱼米之乡,赛过天堂。

（郭必娟）

如东人的理想像海轮迎着旭日起航,如东人的幸福像铁路一样连接祖国的四面八方。

（缪云山）

黄海之滨,翰墨书香进农家;文化如东,智慧雨露润乡村。

（袁世君）

鱼米之乡好,海港鲜韵妙,书香增智慧,江海独占鳌。

（施友竹）

大海出金牛,智赶海子牛,一天出一牛,如东就是牛!

（施友竹）

祖国

有国才有家,国强旺千家。

(薛小丽)

爱国就不会因为受过的穷苦而悲观。

(曹俊建)

对祖国的热爱是一种无比巨大的精神动力。

(潘峰)

不爱祖国的人是一个没有理想的动物。

(唐佩琴)

岳飞把"精忠报国"四字刻在背上,我将这四个字铭刻在心里。

(马晓培)

爱国是一种要放弃任何东西也不能抛下的永恒的情感。

(刘晓亮)

一个人心中没了祖国,就像脱离轨道的星球,在茫茫无边的太空中,没有重心,也没有方向。

(王晶晶)

祖国是我们共同的家。

(陈刚)

我们活着不能没有食物,同样,我们活着不能没有祖国。

(潘爱娟)

我愿意点燃我的生命去照耀火红的国旗。

(季磊)

如果我是一颗红星,我永远不会脱离自己的轨道——围绕在祖国周围,因为"我是中国人",对我有永恒的引力。

(季磊)

祖国永远是我心中最亮的星辰。

(陈兴)

失去了挚友,我们还有亲人;失去了家园,我们还有祖国;但失去了祖国,我们还有什么呢?

(陆欢欢)

飞鸟热爱蓝天,游鱼热爱大海,子女热爱父母,国人应该爱祖国!

(盛培培)

不爱自己的祖国就等于不热爱自己的生命。

(鲍均)

一个失去祖国的富翁比一个没有家的乞丐还要贫穷。

(桑凌清)

我可以没有一切,但不可以没有祖国。

(徐琛峰)

献出自己的光和热,让五星红旗上的五颗星永远光彩夺目。

(马冬冬)

爱祖国首先就要为祖国服务。

(陈海亮)

一个不爱国的人就好像一具没有灵魂的躯体。

(季甜甜)

我对祖国的感情如南黄海那样深沉和热烈。

(施鹏丽)

人格是体现国格的一个窗口。

(徐宗铭)

只有人人都有爱国之心,国家才会繁荣昌盛。

(陈爱民)

一万句爱国的口号也抵不上一个实际的爱国行动。

(杨建军)

爱国不是挂在嘴上,而是深刻在心里。

(沈春华)

个人与祖国的关系就好像绿叶与大树的关系,绿叶离开了大树,就会枯死。

(吴玉娴)

爱国就像爱自己的妈妈一样,是不用教就应该会的。

(缪杨兵)

国家少一个人只是可惜,一个人失去国家,却可怜而可悲。

(姜星星)

心中有国,国在心中。

(朱卉)

在我心中,天平的左边是祖国,天平的右边是母亲。

(朱立)

如果说祖国母亲是海,那我愿成为一叶扁舟,荡漾在她的怀中;如果说祖国母亲是山,那我愿成为一棵小松,装扮她美丽的容颜。

(惠懿苗)

将自己的青春融化,铸成共和国大厦辉煌的一角。

(程亮)

母爱子是最伟大的爱,民爱国是最高尚的爱。

(丁宁)

一个热爱祖国的人,才算是一个真正的人。

(朱娇)

爱国就是从心底想使国旗永远飘扬。

(戴威威)

没有祖国的人与没有家的孩子同等悲哀。

(周泽亮)

只有热爱我们的祖国,才会使生命的琴弦奏出时代最响亮的音符。

(季正飞)

爱国是一种崇高而神圣的情感,但并不都表现为辉煌而壮烈的行动。

(陈雪晴)

在祖国过一个冬天,胜过在异国过一百个春天。

(徐翔)

在每个炎黄子孙的心中,五星红旗最美丽。

(李琴琴)

人才是树,祖国就是森林。

(孙培玉)

无论国家多么贫穷,都没有理由背弃她。

(陆天翼)

爱国,它不仅仅是一句口号,更要用一生的行动来证明。

(张媛媛)

家,是爱的港湾;国,是家的港湾。

(佘雪辉)

爱国是一个人高尚品德的最好表现。

(花嘉伟)

如果祖国是大海,我就是那刚升起的太阳,我要把大海点缀得更美。

(张银)

爱国是人类真正的文明。

（高捷）

爱国是一个人必修的课程。

（陈澈）

花儿不能没有阳光,草儿不能没有沃土,我们不能没有祖国。

（张璐璐）

祖国的未来在我们身上,我们的未来在自己的脚下。

（孙宏松）

子女爱父母,人民爱祖国。

（唐明淑）

儿女不可嫌父母,人民不可嫌国家。

（毛蓉英）

爱祖国不是消极地满足于现状,而是从我做起求改进。

（郭必娟）

爱国不是表现在漂亮的话上,而是表现在为祖国的行动上。

（张新文）

注视着自己名字的人大众不喜欢,大众喜欢的人注视着祖国的事业。

（倪国昌）

科学没有国界,科学家都有祖国。

(张乃杨)

个人是属于祖国的,也是属于人类的。

(施友竹)

祖国的土地是稳固的脚下之地,集体组织是生活的平台。脱离集体,背叛祖国,那便是穷途末路。

(李彤)

热爱祖国的伟大是力量,忧心祖国的苦难是力量,憎恨侵略者也是力量,这些都是取得胜利的力量!

(高炳余)

热爱父母自然应当,热爱祖国理所当然。

(张洪萍)

谁不属于祖国,那么他也就不属于人类。

(刘一诺)

我有我的人格、良心,不是钱能买的;我有我的祖国、家乡,不是感情能够换的。

(冯云)

只要精力允许,我要做我感兴趣的事;只要身体流着祖辈的血,我要首先为我的祖国服务。

(缪克清)

祖国重于生命,她是安放我们生命的母亲;祖国重于家庭,她是我们家庭安康的保证。

(董跃秀)

祖国东隅长寿乡,四通八达洋口港,桃红柳绿范公堤,谷香海鲜人贤良。

(陈飞燕)

锅里满碗里才能满,祖国好家庭才能好,家庭好自己才能好。

(陈爱军)

个人在家庭中,家庭在家乡中,家乡在祖国中,祖国在世界中,一环套一环,都是同心圆。

(陈佳平)

扶海洲洋口港,都在祖国土地上,五大洲四大洋,天下一家祖国更兴旺。

(叶子璇)

祖国是民众的母亲,家庭是祖国的细胞。一寸山河一寸血,保卫江山莫忘怀。

(纪美红)

山河破碎已重整,好了疮疤莫忘疼!

(郭必娟)

巢覆不完卵,为国即为家。

(顾俊祥)

中国如东,海关通四海;一带一路,全球成一家。

(凌美云)

昔日,天下兴亡,匹夫有责;今天,实现中国梦,人人有份。

(陈少山)

河里有水井里满,国家好,民族好,大家才会好。

(毛蓉英)

祖国是大家的家,建设保卫靠大家。

(葛玉江)

猪有猪圈,羊有羊圈,安放分裂祖国者的只有坟墓!

(郭必娟)

打江山是昨天的,保江山是今天的,世界大同是明天的,居安思危是永远的!

(施友竹)

社会

鱼鹰脖子需要有扣子,有权者的权需要有笼子,和谐社会需要有法治。

(钱志明)

正能量人人贡献,负能量人人消解,人世间处处和谐。

(孙宏松)

与人和谐,天天开心;与人不和谐,天天闹心。

(毛蓉英)

宽以待人天地宽,事事计较难和谐。

(郭必娟)

和谐正气利团结,风正帆鼓奔前程。

(缪云山)

和谐社会万事顺,你争我斗荆棘多。

(苏平)

建立和谐社会的关键在于统一人心,统一人心的关键是社会主义核心价值观的践行。

(施友竹)

社会和谐从我做起,同心同德人人有责。

(唐明淑)

冷眼看尽兴和废,和字为上贯古今。

(顾俊祥)

和谐的程度取决于人心统一的程度。

(张新文)

君子求己,小人求人;严以律己,宽以待人;世和时泰,处处宜人。

(金文富)

历史不应该是记忆的负担,而应该成为和谐的启迪。

(陈芳仁)

刀刃锋利易卷口,人不和谐伤心身。

(董跃秀)

和谐社会是改革开放的培养基,是经济建设的催化剂。

(陈宏萍)

船进港,鸟归林,和谐社会是幸福的港湾和园林。

(陶俊)

天和谐四时顺畅,人和谐神清气爽。

(陶小健)

身心和谐事业易兴旺,社会和谐经济易腾飞。

(施德英)

行船靠老大掌舵,和谐靠大家维护。

(施美琴)

世界

　　大公无私的人觉得世界很大,因为他想的是大家;自私自利的人觉得世界很小,因为他心中只有自己。

(施友竹)

　　人是世界中的人,谁破坏世界,谁一定死无葬身之地。

(施友竹)

　　洋口港的货物流向世界,世界的命脉连通如东。

(郭必娟)

　　抹香鲸献身如东,助推如东享誉世界。

(倪国昌)

　　没有世界何谈人类,人类与世界和谐相处,世界才能五彩缤纷。

(张乃扬)

　　洋口港是环球的集散地,扶海洲是国人的宜居乡。

(张乃扬)

　　如东走向世界,世界牵动如东。

(高裔陈)

　　治国理政国家兴,一带一路世界通。

(李彤)

中国和平崛起,世界安定祥和。

(顾俊祥)

没有中华民族的崛起,就没有世界和平的保障;没有中国走向世界,世界的格局就不能根本改变。

(陈海燕)

记住该记住的,忘记该忘记的,维护和捍卫世界持久和平要永远铭刻于心。

(张洪萍)

忧伤时看看世界,因为任何忧伤,都抵不过世界的美丽。

(施文明)

世界永恒的是天,世界永存的是地,世界能称万物之灵的是人类,天人合一才是根本的天经地义。

(张洪萍)

人出生时总是自己哭,人离世时多是别人哭,自己哭是新生,别人哭是怀旧,都是世界过程节点的轮换。

(高炳余)

地球是世界的舞台,大自然是宇宙的生态,洋口港是海陆的接点,绿色能源是生态的风帆。

(冯云)

地球是人类的家园,世界是过程的组合,绿色生态是万事万物和谐的基础。

(陈少山)

世界无限,地球无边,社会发展永无止境,改革创新是为了美好的明天。

(陈芳仁)

地球是人类的飞船,世界是万物的熔炉,勤劳勇敢的炎黄子孙是世界建设的排头兵。

(陈佳平)

地球是世界的大舞台,人类是永远的表演者,伟大的中国人民与世界人民一道,过去出彩、现在出彩,将来更出彩。

(冯云)

世界之大,各国组成,大国家,小家庭,归根结底靠人民。

(叶子璇)

宇宙生人,地球养人。占世界人口四分之一的中国人,是举足轻重的责任人。

(刘一诺)

连通世界,一带一路。顶天立地的中国人,有担当,说话算数。

(唐东亚)

奋斗使社会进步,倒退没有出路,祖国靠人建设,世界靠人开发。

(曹文国)

恪守诚信,朋友遍天下;失信于人,在角落里也寸步难行。

(李印青)

美好的世界是辛勤的劳苦大众披荆斩棘创造出来的,坐等空谈只会给人类带来灾难。

(唐明淑)

有家、有国、有世界,无家、无国就是灭顶之灾。

(施德英)

以不变定力,应万变世界,风浪再大,眼明心亮稳坐钓鱼台。

(纪美红)

这个世界不欠任何人的,要生活,唯有用我们的智慧好好努力。

(高媛媛)

天地之大,定有我们的立足处;风云之多,定有我们翱翔的机会。

(王春华)

请不要认为世界是无情的,只是你没有用心感受罢了。

(丁院峰)

奉献一点爱心,世界便会多出一分温馨。

(曹贯中)

人生最大的乐趣莫过于为世界奉献自己的一切。

（刘小伟）

奉献是这个世界上最无私的一种爱。

（方慎侃）

当地球只剩下人类时，再多的诺亚方舟都不能拯救这个世界。

（李玲燕）

与其埋怨环境越来越糟糕，不如共同行动起来，保护我们的家园。

（杨敏）

当地球充满生机的时候，正是绿色环绕我们的时代。

（徐卫）

绿色的地球，才是我们的家。

（王艳淋）

保护环境就是保护人类自己。

（邵陈成）

我们共有一个家园——地球，我们同做一件事——环保。

（李杨）

地球是我家，管理靠大家。

（陈伟韬）

保护地球等于保护我们人类。

（秦翔）

污染环境就是在污染自己的心灵。

（王亚箭）

你美化了世界,也就美化了心灵。

（何伟）

如果再不保护地球水资源,人类看到的最后一滴水将是自己的眼泪。

（季均）

保护好环境就是延长自己的生命。

（付凌云）

脱去绿装,整个世界都会变成灰色。

（王琛）

如果你想改变世界,首先应该改变自己。

（武川）

企业

工厂办得好,要靠党领导;工厂要领先,人才要冒尖。创新增产才是前景,优质环保才有后劲。

（毛蓉英）

工厂要办好,生态不可少,只有吃上生态饭,才能创造长久财,只有创造长久财,才能发达福万代。

（冯云）

企业是一棵生命之树,这棵生命之树的土壤是用户。

（龚电公）

企业与用户的距离无限小,企业发展的空间无限大。

（龚电公）

市场不变的法则是永远在变。

（龚电公）

抓创新就是抓发展,谋创新就是谋未来,不日新必日退,只有创新,工厂才能永葆生机活力。

（毛蓉英）

企业守信者才能阔步行天下,企业失信者寸步也难行。

（姚爱华）

以自身的奋斗改变命运,以不断的努力追求梦想,收获要靠自己辛勤耕耘,成果只能属于坚忍不拔、艰苦奋斗的企业家。

(毛蓉英)

工厂企业的根基在工人,发达在创新。

(李彤)

工厂企业培养职工要有真措施,尊重职工要有真感情,爱护职工要有真成效。

(陈芳仁)

工厂企业是大船,社会人群是大海,水涨载船走,水落船搁浅。

(陈少山)

哪里的工厂企业办得好,哪里的人民生活水平就更高。

(苏平)

想投产算算是利是弊,出产品查查是福是祸。

(缪云山)

作物生长靠太阳,企业成功靠创新。

(郭必娟)

掌握辩证法的人是不可战胜的,会用辩证法的企业才能在竞争中胜出。

(纪美红)

瓜好自然热销,质优客源必多。

（纪美红）

诚信创新办企业,穷也会变富;投机造假办企业,富也会变穷。

（倪国昌）

企业不断创新,生命力不断增强;企业墨守成规,淘汰就向它招手。

（施友竹）

产品靠优质,促销靠诚信。

（施友竹）

一带一路走出国门,工厂企业商机无限,改革成果共享,处处走向世界。

（孙宏松）

没有员工,何成企业。

（张乃扬）

好的企业有好的品牌,好的品牌有好的工厂,好的工厂有好的生产线,好的生产线要有好的作业工人。

（陈芳仁）

高山有巨石,大海有骄鳌,沃土出苗壮,好企业必有人吃苦、创新并耐劳。

（李彤）

质量是工厂的名片,品牌是企业的风景。

（叶子璇）

改革创新,奋发图强,外企能办到,中国更加好,外企不能办,中国更出彩。

(陈海燕)

想得到办得到,保质保量还环保;不可能变可能,创新办厂个个是能人。

(陈飞燕)

上下千条线,中间一把梭,穿衣盖被来自挡车工的辛劳。

(姚爱华)

工人幸福,工厂至上,人生舞台,不可相忘。

(钱建平)

工业是火车,农业是铁轨,没有铁轨火车不能开,没有火车铁轨沉睡亦枉然。

(陈新燕)

党旗上凸现铁锤镰刀,工农联盟个个皆舜尧。

(陈佳平)

农富工业强,工农联盟是脊梁,创新改革不停步,全民奔小康。

(周爱红)

高山流水有知音,工厂企业的知音就是职工兄弟姐妹,工厂企业产品的知音就是消费者。

(李彤)

好品牌在于打造,好工人在于磨砺;工人技术好,产品质量高,工人、品牌、诚信是三宝。

(虞岑)

失去自信难创业,失去工人难运转,失去质量难生存,失去诚信难销售,失去团结自毁灭。

(高炳余)

天上不会掉馅饼,地上不会长金钱,享誉四海、造福全球靠勤劳的双手和智慧。

(董跃秀)

脉络畅通有利于血液循环,工厂的兴旺有利于社会的运转。

(赵金凤)

企业兴旺领导很重要,企业衰败领导还是很重要。

(凌美云)

没有吃、穿、住,老百姓就不能攀登幸福路;没有船舶桥梁,就不能到达胜利彼岸;工厂企业是经济的支柱,工厂企业兴旺发达才能全面奔向康庄大道。

(陈新燕)

依靠政府引领前进,依靠工人做大做强,依靠创新工厂不断发展。

(林必泉)

千好万好,广大职工是工厂企业的宝,没有职工艰苦奉献,哪有产品的荣光闪耀。

(钱建平)

市场是产品的橱窗,工厂是产品的基地,质量是产品的灵魂,效益是工厂的生命。

(吴克安)

千变万变,工厂企业的诚信不能变;千好万好,广大职工的积极性是珍宝。

(刘蕾)

工厂企业创业守业,靠职工齐心合力;工厂企业开拓进取,靠职工苦干创新不已。

(施文明)

工厂制缆连接世界,工人连心共度人生。

(俞明三)

农村

农业是基础,基础不牢,房屋要倒;农业不稳,全局受损。

(施友竹)

民以食为天,自古农为本,农发人富裕,人富人心稳,人心稳,社会安定,国家兴盛。

(张新文)

社区有正气,处处人心齐。

(苏平)

居民、村民梦相连,生态如东同创建。

(缪云山)

社区选人,选贤任能,社区有前程。

(缪云山)

社区医保,保健为要,没有健康,哪来小康!

(郭必娟)

国富民强,离不开生活小康;生活小康,离不开积能囤粮。

(李彤)

五谷丰登,三农翻身;三农翻身,国安民稳。

(蔡美玉)

生态不能差,影响你我他。

(叶子璇)

工农民众越富足,社区发展越快速;快速向世界,共同建设一路加一带。

（张学高）

加大农业投入是提高农民收入的增氧机,发展农业科技是农业生产的加速器。

（虞岑）

靠山知山音,赶海懂潮汛,居民村民深知富靠勤。

（张乃扬）

农田是大粮仓,农村是大市场,居民村民是消费市场的上帝。

（周其平）

锦绣如东鱼米乡,背靠黄海面朝江;人杰地灵扶海洲,海鲜美味甲四方。

（欧阳祯）

民以食为天,诸业农为先。不食人间烟火佛,也喜供果甜。

（冯云）

农民离不开土地,就像鱼儿离不开水源。

（纪美红）

儿女望出息,田禾望收成。

（陈芳仁）

海巴子成了船老大,泥腿子成了企业家,黄海滩变成了洋口港,海岸带变成了风力发电厂,跟着共产党,生活就像潮水涨。

(高裔陈)

种瓜得瓜,种豆得豆,农业丰收,离不开农民科学种田。

(张乃扬)

没有学问可读书,没有食品肚子不饶恕。

(陈佳平)

站着说话不嫌腰酸,吃粮不担过,不知粮食生产很辛苦。

(顾俊祥)

一花独放不是春,万紫千红春满园;城乡富足四季好,十月也有小阳春。

(刘福娴)

种子离开土地,就不能生根、发芽、开花、结果;村民离开农业,吃饭、穿衣、生活、健康都是纸上谈兵。

(陈蕾镭)

农业是社会的培养基,商业是社会的调节剂,交通是社会的动静脉,工业是社会的支撑体。

(高成军)

饮食消化靠肠胃,农民种田靠双手,农村文明靠农民,社区兴旺靠干群。

(唐明淑)

山歌好唱口难开,果子虽甜树难栽,年年穿衣日日餐,离开农业样样难动弹!

(陈飞燕)

高楼大厦顶天地,夯实基础是关键;三农基础越雄厚,丰收前景越广阔。

(钱辰)

田头转,地边走,庄稼好比儿女难放手。

(陈芳仁)

过日子不忘秤和斗,开源节流水长流。

(郭坚坚)

种田不是水中捞月,而是指种望收;生产不是纸上谈兵,而是动骨动筋。

(虞学军)

二流子尿壶掉把落个嘴,种田人老实巴交靠双手,不会吹,不会拍,就会栽棉长五谷。

(缪祝生)

吃一堆补药,不如出一身汗,待在办公室难受,不如到田间把汗出。

(钱建平)

汗滴禾下土,农民本能不怕苦。梦寐以求种好田,一心为了大丰收。

(李印青)

人老总是闲不住,忘不了地边田头,起早贪黑照看田禾,日月精华延年益寿。

(顾芸芸)

吃不穷、穿不穷,算计不到一世穷,互联网上通世界,科学种田也英雄。

(李忠德)

百鸟爱树林,因为绿色丛林是它们栖息的巢窝;农民爱惜土地,因为那里是他们世代生活的家园;人民爱农民,因为农民是他们的衣食父母;国家重视农业,因为农业是国民经济基础;农民依靠政府,因为政府是农民的主心骨、领航船!

(丁舜懿)

一根鸡毛能飞上天,一处产业可引起全人类注目。

(施文明)

尊神敬佛不只是对偶像的虔诚,普度众生是生态自然的要求,农业、农村、农民三合一,是人天合一的结缘。

(周其平)

敬重父母公益积德,是仰尊天地大德;科学种田防范污染,是遵循科学规律;开源节流勤俭持家,是爱护自然资源的平衡。

(孙李阳)

农村村民挣钱,尊老爱幼,心里踏实;社区成员奋斗,养家糊口,人生安分。社区农村气候宜人,是社区农村老百姓的福分。

（赵美英）

量力而行靠种田,见好就收靠丰收,知足常乐靠土地,一生健康靠社区,人生平安靠管理。

（陈佳平）

农村家庭是个人的小家,中华民族是全国的大家,大家兴旺小家好,小家再好不能忘大家。

（虞岑）

田多人少田不荒,联合机械不慌忙,旱涝保收靠科学,一年更比一年强。

（董跃秀）

农村社区有三天：昨天、今天和明天。不忘初心,铭记昨天；脚踏实地,干好今天；继往开来,展望明天。

（陈新燕）

食品是自然生灵的源泉,粮食是人类生存的第一需求,农业是粮食天造地设的宝库。

（曹文国）

人能勤地不懒,人不懒地不荒,五谷丰登是农村大事的第一桩。

（曹文国）

医疗合作利健康,望闻问切利治病,依法治国利安定,安全生产利农民。保驾护航为三农,党政一心为百姓。

(倪国昌)

科学化种田是农民的看家本领,粮棉油丰产是农民的拿手好戏,集约化生产是农民的用武之地。

(张乃扬)

婴儿不能离开奶娘;没了土地就会断了粮;国家没有粮食,就像断粮无菜的炊事房。

(张洪萍)

学校

学校是学生神圣的学习摇篮,机关是百姓敬仰的办事平台。

(唐明淑)

教育大计,学校为本;学校大计,教师为本;教师大计,学生为本;学生大计,成才为本。

(纪美红)

学校教育有方,学生人才辈出。

(张乃扬)

知识如汪洋大海,学生像竞舟千帆,老师如领航旗手,学校是学生起飞的航母。

(曹文国)

学校是土壤,老师是园丁,学生是花朵,成才见成果!

(蔡美玉)

天空是鸟儿的家乡,大海是鱼儿的天堂,学校是我们学生最欢乐的地方。父母是孩子的启蒙老师,老师是孩子的终身父母。

(秦志祥)

学生没有好的教育,就像庄稼没有好的管理,农民指种望收,教育盼出人才。

(吴克安)

世界是大海,书籍是航船,读书就像驾着航船去大海深处探游。

(高德美)

任何人都有父母,任何名家大师都有老师。

(葛玉江)

长江后浪推前浪,不能忘,老师在浪中推波助澜忙。

(邢俊俊)

烛光引路,不怕黑暗,教师点拨,在于学生心领神悟。

(葛德珍)

木板上的名字会朽,石头上的名字也未必长在,老师的教诲刻在学生心上真正永存。

(张德英)

老师今朝的工作,连着祖国的明天;老师教学在课堂,成就却在祖国的四面八方。

(张国清)

老师是火种,点燃了学生的心灵之火;老师是石级,承受着学生一步步攀登的步伐。

(张小燕)

春蚕不说话,吐出银丝是它的生命价值。老师一直在说话,桃李芬芳就是对老师的最高评价。

(张六绿)

十年树木,百年树人,老师领进门,成就在自身。

(李德芳)

同学是镜,最为真心,友好相处,如时时照镜。

(李冬梅)

同学是灯,心心相印,可在黑暗中照亮前程。

(李培渠)

成功如铜锁,钥匙如方法,用错方法如同用错钥匙。

(唐红梅)

以艰苦为基石,以智慧作砖瓦,就能盖出成功的高楼。

(唐亚梅)

既要学花儿把春天装扮,也要学燕子把春天衔来。

(王新新)

成功属于勤奋者,失败属于懒散人。

(高德美)

奋斗苦中有乐,贪玩乐中酿苦。

(田苏久)

把言语化作行动,是成功的秘诀。

(高均均)

力争事事完美,必须处处尽心。

(葛玉江)

昨天是过去的今天,明天是未来的今天,当下的奋斗才是真实的今天。

(葛玉峰)

手脚是鼠标,触及地方不同,就出现不同的结果。

(张德英)

一棵小草也可显示大地的生机。

(张国清)

自强是成功之母,自卑是失败之父。

(张小燕)

逆流而上,意志坚强;顺流而下,智慧闪光。

(张六绿)

过分装饰自己的外表,就会遮盖自己的朴素美。

(张兰)

不跌倒固然光彩,跌倒能站起也是难得的荣耀。

(张源)

不要说天空太高,昂起头就能享受到阳光的照耀。

(张百)

握紧拳,你会知道,命运掌握在自己手中。

(王德虎)

科技是兴国之利器,人才是强国之根本,学校是育人之圣地,教师是育才之园丁。

(毛蓉英)

机关

机关机关,社会开关,开关失灵,天下不宁!

（张乃扬）

用发展推动发展,用希望拓展希望,用活力激活活力,靠群众带动群众,使机关成为机关!

（张新文）

机关是国家与人民的联系纽带,要门好进,脸好看,事情才好办。

（缪云山）

旧社会八字衙门朝南开,有事无钱莫进来;新社会国家机关,成为干群联系的好平台。

（施友竹）

为官为管,一切为了衣食父母。

（施友竹）

积极作为是机关干部的本职,不作为是机关干部的失职;有为必须有畏,有畏才能有所作为。

（毛蓉英）

旧社会机关人员是老爷,新社会机关人员是公仆。

（苏平）

私心严重,难以为公;一心为民,勇往直前!

（凌美云）

台上台下一个样,人前人后一个样,对上对下一个样,对内对外一个样,对老对少一个样,昨天、今天、明天始终做人民公仆不变样。

(李彤)

机关是政府形象的窗口,为民是政府形象的底线,担当是政府职责的体现。

(董跃秀)

机关干部是民生的守护神,是引领民众的带路人,是廉洁自律的带头人。

(张乃扬)

机关是吃透政策、引领形势的方向盘,社会是人才起飞、奋发作为的大航母。

(叶子璇)

人人离不开国家机关,国家机关是社会形象的总代表。

(顾俊祥)

没有三农投入,哪有粮食丰收;没有衣食父母,哪有父母官员!

(周其平)

机关是百业聚集的催化剂,是转型升级的发动机,是社会建设的加速器。

(刘蕾)

换人不换岗,公心一个样,公仆担当无难事,机关办事无难题。

(叶子璇)

机关人员是螺丝钉,无论拧到哪里都尽心。

(唐东亚)

把群众放在自己脑里,把温暖送到群众心里,把问题解决在群众生活里。

(陈佳平)

行大船须水深港口大,做大事需资深学识高。

(纪美红)

人不可貌相,海水不可斗量,政府机关的形象,老百姓心里称着、眼里量着。

(郭坚坚)

只有不忘初心,才能继续前进,国家机关人员,为国为民才能尽心。

(虞岑)

机关能够抓铁有痕,系统才能踏石留印。

(石娟娟)

医护

没有全民健康就没有全面小康,全民健康靠自身,全面小康靠全民。

(毛蓉英)

哪有吃了五谷不生病,哪有生病不到医院看。医病不医命,强健靠自身。

(孙宏松)

医院、诊所好差,不在规模大小,而在良医多少。

(毛蓉英)

实行医保,人人叫好,医保统筹,大病不愁。

(张新文)

亦治亦防,人人健康;重治轻防,防不胜防。

(倪国昌)

治好一人病,欢乐一家人;误治一人病,医患都不宁。

(倪国昌)

药能治病,亦能致病,乱用药物,没病也病。

(倪国昌)

政策以人为本,治病救人为本。

(张新文)

是药三分毒,是病七分治。病来如山倒,病去如抽丝。

(孙宏松)

有钱人住院想养命,越养越病;无钱人住院望救命,病好就行。

(张新文)

医疗、保健、防疫是宝中宝,强富美高不可少。

(苏平)

全面小康是目标,全民健康是基础,全民健康才能奔向全面小康。

(苏平)

病态进,笑脸出,有病没病听医生。

(施友竹)

名再大,钱再多,进了医院,人人心纠。

(纪美红)

钱能买东西,却买不到健康。

(纪美红)

防在先,少用钱,个个要健康,人人应预防。

(缪云山)

寒从脚上起,病从口中入。忠言逆耳利于行,良药苦口利于病。

(陈少山)

一心为民,妙手回春,医术精湛,起死回生。

(董跃秀)

合作沟通是医患感情交流的桥梁;合作医保是社区文明和谐的温床。

（董跃秀）

西医救急,中医调养,中西结合,各有所长。

（蔡美玉）

晨操晚练万步跑,全民健康新长征,幸福小康目标远大,强身健体始于足下。

（李彤）

专家门诊,老骥伏枥;名医暮年,壮心不已。

（陈芳仁）

明病理因时而变,知病痛随病而治。崇医德精益求精,与病人脉搏相通。

（陈少山）

忠言逆耳,良药苦口,讳疾忌医,必然后悔。

（陈默涵）

只有不忘初心,才能行医为民;只有善于继承,才能开拓创新。

（叶子璇）

医院的医生不在于多,而在于精;医院的规模不在于大,而在于设备齐全和先进。

（钱建平）

医生行医积德,民众安居乐业,各得其所,各得其乐。

（欧阳祯）

一日为师,终身为父;一日为医,终身为友!

（钱辰）

医不言尊,病不言求。医患亲情,药到病除。

（高炳余）

政治上跟党走,人格上不丢丑,医德上个个赞,医术上争上游。

（王莉莉）

鞋子合不合脚,穿的人知道;医院办得好不好,百姓就诊就知道。

（丁尧懿）

近在咫尺保健所,不如日行一万步。吃动两平衡,健身新长征。活到老活动到老,你好我好大家好。

（姚爱华）

合作医保好,享受你我他,全民健康,家富国强。

（周其平）

官要有官德,医要有医德,官为民谋福利,医为民谋健康。

（钱辰）

好医院医事无小事,事事见精神;好医生治病为救人,人人都感恩!

（顾俊祥）

草为德者绿,花为善者红,医德高尚人康健,处处见笑容。

(周爱红)

不学则愚,不精则废。医术不精,如何尽心!

(石娟娟)

医院口碑好,群众信任高,医患感情深,疗效才能好。

(李彤)

管理讲方法,医疗讲质量,服务讲艺术,临床讲科学。杜绝乱用药,多替患者想。

(秦志祥)

人无我有,人有我新,人新我精,写出医史辉煌春秋。

(陈少山)

交通

港口码头是江海岸上的桥头堡。

(张新文)

码头林立洋口港,神舟出海大通道。

(缪云山)

范公堤劈建深水大海港,货物吞吐水陆一肩挑。

(缪云山)

船到码头车到站,不是停歇而是蓄力待发;人退休了,不是坐享清福,还可转岗发余热。

(毛蓉英)

千帆竞发、百舸争流的港口,将四面八方运来的产品争分夺秒成全需要的东西南北,用甘于奉献的行动体现伟大时代的精神。

(毛蓉英)

车站港口,大小不同,天南地北,各有各用。

(苏平)

没有洋口港,掘港是死港,有了洋口港,四通八达必兴旺。

(郭必娟)

车站港口,旅途的中转,经过中转,去往理想的去处。

(纪美红)

港口,既可避风又能通航,既可吞吐又可休整,彰显的是包容。

(纪美红)

一带一路,伸开交通双臂拥抱全球,物流五洲;靠港口,靠车站,如东成为世界中转站。

(施友竹)

船来车往,全球通畅,一带一路,通向天堂。

(孙宏松)

港口车站是幸福桥,是富裕路,桥路畅通,国必强民必富!

(倪国昌)

洋口港的崛起,跨越了国家、民族、宗教,把五洲四海,与小小如东连接起来。

(董跃秀)

得天独厚,天赐良缘大港口;天时、地利、人和,洋口港是江海联动的海上大门户。

(陈飞燕)

山不积撮土何以成其高;海不积江河何以成其深;洋口港没有千万人的汗水心血,何以成为国际级深水大港口、大码头。

(虞岑)

昔日的扶海洲越洋难渡海,只能望洋兴叹;如今的洋口港巨轮通航,笑对汪洋!

(李彤)

中秋明月照洋口,东方明珠、银盆圆月交相辉。港口中秋加班夜,笑看滚滚物流通世界。

(陈新燕)

夜半钟声到客舟,海涛碧波月中天,笑看输油大管道,炎黄子孙又筑阳光岛!

(施文明)

洋口港风生水起,如东站轰鸣五洲,功在当代,利在千秋。

(高炳余)

洋口海港的崛起,不忘初心,祖先盐丁、渔民靠大海生态自然繁衍生机;长江古航道入海形成扶海洲;人和融入天时、地利,三面自然海水包容,洋口港四通八达。

(丁尧懿)

品牌是港口的名声,名声是我们的自尊,诚信是我们的保证,质量是我们的生存法则,服务是我们的强项,消费者利益是我们的至高无上。

(董跃秀)

众人划桨大船快,洋口港是党政干群同心、其利断金的创举。

(郭坚坚)

唯改革者进,唯创新者强,唯开发者胜,改革创新是强港口、兴车站的强有力的保证。

(叶子璇)

中国特色社会主义就是好,如东日新月异,如日东升建设"强富美高";全国金榜题名如东百强县,洋口港创立新功劳。

(徐允浩)

港口越深,巨轮越大,装货越多,航程越远。

(陈爱军)

大海是港口码头的母亲,洋口港永远连接着时代的潮流。

(孙李阳)

不论是古稀老人,还是红领巾少年,洋口港兴建,是他们仰慕兴奋的话题,洋口港是干出来的,是发扬如东精神的加油站,也是激励人们追梦、筑梦、圆梦的驱动器。

(吴克安)

洋口港不是画出来的,也不是写出来的,更不是天上掉下来的,而是改革开放创新奋战出来的里程碑。

(施文明)

洋口港东方深水码头,离不开党的引领,融入人民辛勤创业的汗水,是智慧心血的结晶。

(高炳余)

强港梦也是强军梦,纵有航母、核潜艇,没有深水港口,也无法停留补给。

（钱辰）

车站港口是世界百姓友好交往的家,大家都离不开它。

（陈海燕）

六水三山一分地,水运是人类互通往来的主渠道,车站港口就是桥头堡,洋口港是通往如东的海上金桥。

（陈佳平）

没有车站港口,就少有人来人往,更没有货运通畅。

（张乃扬）

车站港口,会在不知不觉中体现人间交往的真情。

（张乃扬）

江海联动长三角,强强联合金字塔,深水码头狼山港,一级海港洋口港,"强富美高"圆梦想。

（高炳余）

融通四海,四海为家。车站是陆地交通的家,港口是江湖河海航运的家,军港是军海防的家,渔港是渔船满载海产品进港的家。在家千日好,出行遍天下。

（秦志祥）

文明慈善不分你我,仁爱道德不分民族,友好往来不分国籍,幸福富裕不分男女,包容发展不分国界,车站港口处处可见。

（虞岑）

失落钱财有人拾金不昧,失去生命无法挽回;车站港口安检一丝不苟,交通安全高于一切。

（陈飞燕）

富国强民,强德为先,车站港口是弘扬社会主义核心价值观靓丽感人的窗口。

（缪祝生）

雷锋精神永传承、照千秋,港口车站青年服务队是宣扬社会美德的宣传队。

（唐东亚）

商业

一个人的幸福需要实干来托举,一个商店的生意兴隆需要诚信来护航。

(毛蓉英)

一个繁荣的市场,必然种类多、品牌响、管理强,种类多、品牌响、管理强的市场才能供销两旺,方圆十里百里都向往。

(毛蓉英)

商店市场是人类生活互通有无的地方。

(张新文)

商品市场靠物流,市场繁荣看人流。

(张新文)

河道靠疏理,市场靠管理。

(张新文)

传统市场,城市乡村不可少;网络市场,咫尺天涯也兴旺。

(张新文)

产品没有市场交流,人民富裕没有门道;走出去引进来,搞活物流才能招财八方。

(孙宏松)

市场供求在平衡中,产销促进在变化中。

(施友竹)

人民生活离不开市场,市场繁荣离不开商品,商品优劣离不开产出,产出质量离不开工厂。

(施友竹)

次品使用必然短命,出售次品的商店也不会命长。

(倪国昌)

商店缺斤短两,就是准备关门打烊。

(郭必娟)

商店靠的是信誉,市场靠的是人气,做人讲究的是德行。

(纪美红)

开店容易守店难,就像农民播种容易,丰收难。

(纪美红)

商店市场是人和世界交流的桥梁。

(郭必娟)

市场商店,交换网点,既是产品的集散地,又是货币流通场。

(张乃扬)

商店不厌品种多,市场不厌货物足,买者要能识优劣,货比三家见好差。

(张乃扬)

商店市场是万花筒,百姓生活的五彩缤纷出在其中。

(张乃扬)

不论商品市场,还是资本市场;不论人才市场,还是网络市场;不论花木市场,还是农副产品市场;离开政府政策导航,就像火车没有铁轨,航船没有方向。

(陈蕾镭)

品种繁多只能代表商店商品的齐全,琳琅满目只能代表市场的庞大规模,质量价格贴近生产生活才是消费者的需求。

(唐东亚)

商场是战场,赢家离不开政府的导航,兴旺离不开人民的赞扬。

(李彤)

商店市场,离开文明法制轨道,绝难做大做强!指望横财大发,只是痴心妄想。

(曹文国)

只有出售环保绿色商品,老百姓才能动心买,称心走,安心吃,放心用,舒心睡。

(陈飞燕)

客大易欺行,行大易欺客;人人公平卖,处处显和谐。

(丁尧懿)

商店市场在改革开放中生根成长,在公平正义中开花结果,是人民生活不可或缺的运行中枢。

(陈新燕)

耳听为虚,眼见为实,使用最真诚。名优品牌,物美价廉才是金字招牌!

(郭坚坚)

江湖贩子,说嘴郎中,好名没得臭名扬;商店市场,信得过才能真正有希望。

(丁尧懿)

山外还有山,峰外还有峰;商店市场在竞争中比赢家,在公平正当中见英雄。

(秦志祥)

有价无市不可行,有市无价也不好;公平秤杆公平砣,百姓最有发言权。

(虞岑)

创业靠志气,守业靠才智;商店、市场离不开民生和人气。

(钱辰)

党的方针政策是改革开放的春风,改革开放是商店市场繁荣昌盛的春天。

(陈默涵)

绿色食品是人类追求的宝贵名片,食品安全关乎人的健康生命,商店市场是社会文明的统一战线。

(陈新燕)

不论自由市场,还是私营商家,不论网上购物,还是连锁商店,消费者利益高于一切。假冒伪劣违法商品是商店市场不可触犯的红线。

(施文明)

物以稀为贵,人以和为贵,商店市场以诚信为贵。

(高炳余)

价廉物美是商店市场的窗口,和气生财是市场商家的美德,顾客称心满意,商店市场才有人气。

(丁尧懿)

兵贵神速,时间就是金钱;有求必应,供货保质及时就能深得民心和获取效益。

(高裔陈)

文明经营,共舞的是顾客百姓;公平经商,拥抱的是生意兴隆。

(吴克安)

报恩之心也好,回报社会也罢,商店市场的商机在于社会经济的流通量;只有时刻把民众利益放在心上,才能真心实意将把顾客当上帝的理念落实在经商行动上。

(虞学军)

与人为善,诚信为贵;商家客家诚善同心,其利断金。

(陈海燕)

智者也好,高手也罢,挑战中志存高远,竞争中始于足下,质量上价廉物美,经营中服务至上,盈利上薄利多销,行业上繁荣昌盛。

(丁尧懿)

服务笑脸相迎,笑脸相送;顾客寻觅而来,满意而归。

(施文明)

经商既是德商又是仁义商,顾客既是常客又是回头客。

(吴克安)

不管商家少文化,还是多才气,不管是老实,还是有心计,法治利剑是既无情也正义!

(陈少山)